COLONIAL HONG KONG
IN THE EYES OF ELSIE TU

我眼中的
殖民时代香港

〔英〕杜叶锡恩 著

隋丽君 译

湖南文艺出版社
HUNAN LITERATURE AND ART PUBLISHING HOUSE

博集天卷
CS-BOOKY

★在学校接受媒体访问（2003 年）

★童年时光（左为杜叶锡恩姐姐）（1916年）

★摄于启德新村办公地点兼家中（1958年）

★ 1966 年英国玛嘉烈公主访港，杜叶锡恩（右一）陪同参观彩虹村。

★ 杜叶锡恩一直热心推动教育

★应邀任国际伤残人士年开幕典礼嘉宾（1981 年）

★议员们为杜叶锡恩庆祝 80 岁生日

★摄于家中（1995年）

★偕丈夫杜学魁摄于苏州（1995年）

★与妹妹出席母校颁发特别荣誉奖后的派对（1996年）

★与妹妹出席母校颁发特别荣誉奖后的派对（1996年）

★参加在深圳举行的临时立法会选举（1996年）

★参加在深圳举行的临时立法会选举（前排左四为杜叶锡恩）（1996 年）

★爱护下一代（2002年）

★第二次捐出私人珍藏品筹款帮助贫困人士

★ 2003 年，《我眼中的殖民时代香港》英文版出版。摄于 2003 年香港书展。

★ 2004年6月23日，杜叶锡恩所著的《我眼中的殖民时代香港》（中文版）举行首发仪式。

★ 2015 年 12 月 19 日，杜叶锡恩丧礼在红磡世界殡仪馆举行。

★董建华（右一）和梁振英（左一）等为杜叶锡恩扶灵。

再版说明

杜叶锡恩女士在香港生活了65年（1951—2015），她创办教育，关注底层民生，勇于与贪腐做斗争，努力推动社会公义和进步，活跃香港政坛半个多世纪，为香港的发展做出了重要贡献。

作为一位英国籍香港人，杜叶锡恩女士热爱香港，为香港民生不懈奋斗，赢得了香港各界及市民的爱戴和感佩。在她以103岁高龄辞世之际，时任特首梁振英和两位前任特首共同为其扶灵，可见她在香港人心目中的崇高地位。

杜叶锡恩女士生前著有 *Colonial Hong Kong in the Eyes of Elsie Tu*，由香港大学出版社于2003年出版，她将自己亲眼所见、亲身经历的香港殖民时代的历史记录下来，同时也写下自己的思考和洞见；2004年，应她要求，香港文汇出版社翻译和出版了中文版《我眼中的殖民时代香港》；2005年，人间出版社在台湾出版了中文版；2006年，中国青年出版社在内地出版了简体中文版。

2017年香港回归二十周年之际，香港中和出版有限公司与香港文汇出版社合作，再版了这部重要著作。

杜叶锡恩女士曾说："我不能指望我所写的东西会产生任何震撼世界的效果，但希望它能对年轻一代中那些意识到我们这个星球的未来所隐含的危险和所蕴藏的潜力的人提供一点微薄的支持。"

今年是杜叶锡恩女士辞世五周年。湖南文艺出版社有幸获得香港文汇出版社的授权和信任，怀着对杜叶锡恩女士深深的敬意，根据2017年版在中国内地再版此书，以飨读者，并共勉之。

湖南文艺出版社
2020 年 10 月

初版说明

杜叶锡恩女士二十世纪五十年代初便来到香港，在香港居住超过半个世纪，见证了香港从殖民时代走向回归的历程。杜叶锡恩女士以一个外国人的眼光审视发生在香港的一事一物，分析和透视了香港在殖民时代及回归后的种种变化，让读者从中了解到香港社会五六十年代，回归过程中，以及回归后一系列备受关注的事件。要了解长达半个世纪的香港社会，杜叶锡恩女士书中所叙述的事情，所展现的香港社会概貌，给我们提供了一批香港长达半个世纪以来的珍贵资料，帮助读者在阅读本书时更好地认识和理解香港近半个世纪的历史进程。

《我眼中的殖民时代香港》2003年由香港大学出版社出版英文版，推出市场之后，反响甚好。不少读者认为，应该为此书出版中文版。为此，香港文汇出版社接受杜叶锡恩女士的要求，为本书的英文版做了翻译，并且推出市场，以飨广大读者。

为本书做翻译的隋丽君教授，以一丝不苟的态度，领会杜叶锡恩女士原著的精神，精心翻译出行云流水、文理顺畅的中文版本，令读者可以更深入地领略杜叶锡恩女士的著书立意。

香港文汇出版社

2004 年 5 月

目录
C o n t e n t s

第一部分
在香港寻求正义

第二部分
民主遭遇了什么？

前　言

1997年6月30日午夜，是殖民主义完结、香港回归中国的时刻。在这一时刻临近之际，外国记者——特别是欧洲和美国的记者蜂拥而至。他们全都指望在这里捞足发生骚乱乃至暴乱的新闻素材，为他们的宣传机器提供原料。其中有一位竟对我说，他奉命来此只报道示威和反对活动，而不报道欢庆活动。许多人听信了香港少数世界末日派政客的鼓噪，以为这里一定笼罩在恐惧的气氛之中。

这些前来捕捉耸动新闻的媒体代表中有一些人曾到我的办公室来见我。看来，他们在来见我之前是听人介绍过情况的，因为他们全都问到一个类似的问题："你为什么背弃了民主？"他们一再问我这个问题使我感到恼火，因为我为寻求一个更加民主的制度，也就是说为了使民众得到更多的公正，奋斗了50年，而且至今还在这样做。事实上，我相信自己生来就是一个民主派，而不仅仅是某个政党的党员。"一人一票"的主张本来应当保护大多数人所真正希望的东西：一种体面的生活和一个摒除了不公正及贪污现象的社会。我所主张的民主（democracy）中的"d"是小写的，它不附属于任何一个用大写的"D"拼写的政党，也与透过反对中国和反对所有不是俯首帖耳地接受美国式资本主义制度的其他国家而获得的民主称号没有任何瓜葛。

我就自己的民主派资格做出的回答是绝不会使那些外国记者满意的，因为他们只为找寻异见而来，而对那些为建立一个稳定平衡的香港而努力的人士毫无兴趣。从1997年起，英文报章上就几乎没有我的声音了，而在殖民时代，他们是经常找我表达意见的。当然，这些报章的老板变了，看来他们的方针也随之改变了。事实上，我写这本书的原因之一就是我不再能透过媒体发表自己的观点了。遇到这种问题的也不止我一个人。负责协调伊拉克人道主义事务的前联合国代表丹尼斯·哈利戴（Denis J. Halliday）为抗议以制裁和轰炸来戕害伊拉克平民的做法而于1998年愤然辞职。他曾这样问道："请问哪里可以找到诚实的新闻报道？""媒体都被他们的老板或者华盛顿的当权者扼杀了吗？或者被武器制造商扼杀了吗？"

报章不给我陈述意见的渠道，但这本书给了我一个机会，使我得以表达我对以往殖民制度下的不公正现象的看法（第一部分）以及我对现今经济殖民主义的忧虑（第二部分）。

我不能指望我所写的东西会产生任何震撼世界的效果，但希望它能对年青一代中那些意识到我们这个星球的未来所隐含的危险和所蕴藏的潜力的人提供一点微薄的支持。

杜叶锡恩

我眼中的殖民时代香港

COLONIAL HONG KONG
IN THE EYES OF ELSIE TU

第一部分
在香港寻求正义

在这第一部分，杜叶锡恩将回首她在第二次世界大战结束后不久初到香港时的经历。那场战争后，大批难民经陆路和海路从中国内地越境移入香港，从而导致这里的极度贫穷和腐败。

经过20多年的斗争，也多亏有了一位开明的港督——麦理浩爵士（Sir Murray MacLehose），香港的法律与正义才恢复到可接受的水平，从而在1970年以后的岁月中出现了一个繁荣的时代。然而，有一点必须说明：香港的成功在很大程度上应当归功于它的那支超强度劳作但薪酬极低的劳动大军的勤奋精神。

第 1 章

20世纪50年代初次感受香港

　　我们最后一批传教士是在1951年2月离开江西省省会南昌来香港的。一些年长的传教士早在1949年初中国内战的战火逼近该省的时候就离开了。然而，新的共产党政府没有强迫我们中的任何人离开。这个新政府于1949年年中到达南昌，同年10月宣布战胜国民党取得了最后的胜利。

　　事实是，共产党接管之后，社会状况的确有了改善。原先有人对我们说会发生各种暴行，但这种事情并没有发生。通货膨胀减轻了，经济有了起色，法律与秩序恢复了，电力、道路、通信和运输也都大大改善了。我们无从了解是否中国所有地区都是这样，但江西是一个特别的省份。南昌曾是民望很高的周恩来的指挥部所在地。我们传教士很幸运，因为负责处理我们的事务的那个人在上海的一所教会学校受过教育，知道该如何同外国人打交道，而且向我们提出了许多有关如何同新政府打交道的有益忠告。表面看来，一切都好，所有中国人，连军队在内，似乎都不介意外国人存在于他们之中，尽管从理论上说——即使事实上并非如此——英国人和其他欧洲人都是属于敌对营垒的外国人，尤其是在北朝鲜同得到联合国支持的南朝鲜之间爆发战争之后。那场战争中，我们在中国的一位教会长老的儿子在为北朝鲜作战时阵亡了，当时为他举行了英雄式的葬礼。然而，快到1950年年底时，我们听到这样的传闻：所有传教士都将离开中国，而且，英国政府大概也已告诫所有英国国民离开中国。我们的中国朋友也劝我们为自己的安全着想离开那里，尽管政府从未把我们当作敌人来对待。不过，由于朝鲜开战的关系，局势是高度紧张的。于是，我们决定先去香港，到那里再制订前往婆罗洲与我们的教会成员会合的计划。结果，我们一直没有离开香港，我本人竟在这里待了50多年。

乘火车到罗湖边界再前往香港，一路很顺利，从中国这一侧的村庄深圳越过窄窄的小桥到达河的另一侧、英国统治下的香港也没发生任何事情。桥的这一端飘扬着中国国旗，另一端则是英国国旗。怀着理想主义的我当时相信，英国国旗代表着英国的正义。但我很快便发现我想错了。

到香港后不久，我们拜访了我们在香港的讲英语的教会的成员。其中有一位在港府工务局工作。他对我们谈及无视一切法律和政策的贪污受贿现象。这令我非常讶异，因为我原以为香港是由一个民主政府治理的，这个政府以保障英国的正义而著称。贪污和正义是不相容的。我认为这位工务局的朋友一定是在夸大其词。但他没有。

我们最初见到的人中还有一位为香港政府工作的医生，是一位欧籍人士。他证实了工务局的那位外国雇员对我们讲述的事情。他建议我买一部照相机，把我所见到的这类现象拍下来交给报章去发表。他说，对付贪污受贿现象的唯一办法是把高官们"惹火"。"惹火"是他的原话。我一直没有忘记他的忠告，但可惜我当时无法把这一忠告付诸实施，一方面我买不起照相机，另一方面我的教会严格限制妇女站出来讲话。我的前夫甚至不许我给除了亲属和私人朋友以外的任何人写信。至于批评政府，我们基督徒理应把注意力集中于天国中的事务而不是尘世间的事务，因此，不许我就我所见到的不公正现象投书报章。

　　我们到香港没几天，一群中国人就到我们下榻的"士兵与海员之家"来看我们。他们要求我们留在香港，在他们的寮屋区教堂工作。这个寮屋区位于黄大仙区的一个叫启德新村的地方。我们解释说，香港的房租太贵，我们住不起。他们便在他们的租金便宜的寮屋区内为我们找到了一套非法住房。在那里，我们很快就了解到一些贪污受贿现象，因为寮屋区的每个人都不得不交钱给三合会帮派，而索要钱财的名目是各种各样的。在我们拒绝交纳"保护费"之后，有人不止一次企图对我们在该区内的住处行抢。当时的强盗通常都是抢一些小东西，连袜子和其他衣物都是目标，尽管我们放在三楼阳台上的自行车也被偷过。这些被偷的自行车后来被找了回来，我猜这主要是因为我们是外国人的缘故，而不是因为警察的破案本领高强。外国人可以避过不公正现象，而中国人就时时生活在对不公正现象的恐惧之中。寮屋区中的人经常受到三合会分子的骚扰，这些三合会分子的行为就好像是腐败的政府官员的税收大员，他们抢夺来的钱财与这些官员分赃。对欧洲人行抢是有很大风险的。政府不希望外界知道在那个腐败的时期假英国正义之名所发生的事情。

我对我们的教会感到幻灭并最终于1955年永远离开那个教会，原因是多方面的，不能就这些不公正现象仗义执言只是其中之一。退出教会导致我的婚姻破裂。面对不公正，我觉得我无法在缄默中生活，同时我也不能继续接受教会的保罗教义，它与基督的教义似乎不搭界。它的偏狭胸襟令人无法容忍。

一旦摆脱了教会的束缚，我就可以对殖民政府所纵容的贪污受贿和不公正现象进行较为深入的调查了。说到这里，我必须指出，在有些居住在这里的殖民者的想象中，我的目的是制造麻烦或者"推翻"政府，但我根本无意这样做。在我看来，政治变革是中国人自己的责任。如果他们对政府感到满意，我将只致力于消除最严重的不公正现象。在本书的这一部分，我将讲述我所记得的某些这类事例的来龙去脉。

第 2 章

第二次世界大战结束后的香港
——刚来时的最初印象

我估计，一个初到香港的人需要花上三至六个月的时间才能成为"我们"的人或者"他们"的人。"我们"指的是外来的殖民者，这些人无所不知、无所不能；"他们"则是指所有其他人，即数百万普通人。

情况在很大程度上取决于一个人居住在什么地方、接受过什么样的宣传以及他有什么样的天然偏见和看法。当然，在山顶发现一个叛逆者或在平地发现一个外来的殖民者，这都是可能的。有些地区是在政府中供职的外国人所不能涉足的；通常情况下，他只会远离狂怒的人群，与世隔绝到除了举行宴会或鸡尾酒会别无其他事情可做的程度。

当时，中国人不准进入外国人的家庭、会所和某些娱乐场所，因此许多欧洲人除了透过他们称作"阿妈"的中国用人了解一些情况以外对中国人简直是一无所知。这些"阿妈"自成一个阶级，许多人穿着她们的标准服装：黑色的中式长裤和雪白的长袖上衣。她们构成一个组织严密的女界团体。不过，外国人常常根据他们对其"阿妈"们的所作所为的观察形成对中国人的看法。外国人的谈资很少会超越"阿妈"、马匹和股市价格。对中国人的了解仅仅局限于"我们的阿妈"做些什么或者说些什么，换句话说，"阿妈"老是要求加薪和干活时善于偷奸耍滑成了衡量所有中国人的尺度；如果她有一套住房，那就意味着所有中国劳动者可能都有自己的房子，她的过错也就是中华民族共同的毛病。

议论"阿妈"的缺点会逐渐变成初来香港的人的习惯。如果他有这种倾向的话，他会开始视所有欧洲人（少数富有的中国人会被施恩包括在内）为"我们"，视所有其他中国人为"他们"。是"我们"的钱给"他们"带来了繁荣。"我们"的法律是非常公正和公平的，既然如此，为什么"他们"不能总是接受这些法律呢？这里的生活条件是好的。"他们"不知道"我们"为"他们"做了多少事情。

但是，看来这些居住在公帑补贴的漂亮公寓内、一切必需品都得到供应而且经常享有带薪长假的特权人士从未想过，"他们"，即别人，完全得不到同样的福利、待遇和公正。这是"我一切都好，还抱怨什么？"的最典型的例子。

一位来到"我们"的香港的怀有帝国主义思想的女士竟然厚颜无耻地对一位中国男士说："我们允许你们到我们的美丽的花园香港来，你们应当感恩才是。然而你们却不满足。"中国人的礼貌使这位男士没有告诉她，她应当滚到哪里去。难道她不知道这曾是谁的花园以及这个花园是怎么变成"我们"的吗？或许她从未读过历史书。说真的，要是她读过历史书，那我倒要吃惊了。

正因为如此，我认为一个初来香港的人需要三至六个月的时间才能看清自己属于哪一边。如果他站在殖民者那一边，那他对未来的期望就是无限的。他最终可能混入上层，官居高位，获得帝国勋章或者更高的荣誉。当他作为有钱人退休时，他仍很年轻，完全可以在当地的某个资金雄厚的公司内谋得另一个高薪职位。如果他是一个真正的英国人，主张不仅对"我们"要公正，对"他们"也要公正，那他在这里就业的时间就可能非常短暂，或者他会遭到排斥，落得"格格不入"。那样他就几乎肯定会被视为"不受欢迎的人"。在这里，英国的是非善恶观完全被颠倒过来了。

这就是我所获得的最初的印象。当然，我所说的是在一般情况下。因此，说到这里我必须补充一句，也有些人虽然生活在"山顶"的环境中，但却始终没有被"殖民主义化"，而有些住在山下的人却成了狂热的殖民者。不论是哪种情况，如果你觉得社会对多数人不公正而对少数人太偏袒了，人们希望你能保持缄默。若是把这种看法讲出来，那就会被视为"叛徒"，甚至比"叛徒"的下场还要惨。你会被人栽赃陷害而受到法律的制裁。

至于我本人，作为一名前传教士，我从来没有发财或当官的野心。我刚到香港生活时，住在寮屋区内，这一方面是出于自己的选择，另一方面也是情况所迫。寮屋区中有一批来自汕头的绣花女，她们绣出精美的桌布和衬衫，而这些东西的售价极低，因为它们是由血汗劳工生产的。那年月，也就是在20世纪50年代，绣得最快的工人一天挣的钱也不会超过1.2港元，哪怕她们从早忙到黑。看她们干活是非常有趣的：一手拿着绷了绸缎的绷子，另一只手中的绣花针飞快地穿上穿下。但是看到她们眯着眼睛费力地捕捉白天的每一瞬亮光来干活，又着实让人心酸。但即便如此，她们挣的钱也不够养活一个人。男人还得到别处找活干。要想全家有口饭吃，孩子也得去挣钱。他们的小屋里只能点盏小油灯，天黑以后根本干不了活。所以她们只好坐在门口，眼睛凑近细细的丝线，竭力捕捉最后的亮光。有些人40岁上就几近失明了。就连八九岁的孩子也得久久地坐在那里，努力挣口饭吃。据我所知，这些孩子中没有谁上过学，只有一名妇女的孩子除外。这名妇女自己是识字的，在当地被视为有学问的人。由于营养不良加之居住环境湿热难耐，大多数孩子，包括最小的娃娃在内，都患有大块的疥疮和皮肤感染。"家"的含义只是在一个与其他几户景况类似的家庭合住的小屋内的一张床。屋内的床都是双层的，有时还在床下的地上铺一个睡觉的垫子，使之变成三层的。他们的父亲的工资都在100港元左右，还不到购置一个五口之家最基本的日常所需的花费的一半。

我首次"得罪"殖民当局和有钱人就发生在我住在这个地区的那个时期。我在英国《卫报》上读到一篇文章，该文批评说，在中国，劳工们每周工作6天，每天工作10小时。我不知道有关中国的这一信息是否正确，但我知道，在香港，我所认识的中国人每周工作7天，每天工作12小时或更长时间。我给《卫报》写信说了这一情况。有关我写这封信的消息传到了议会，一位议员引述埃里奥特"先生"的来信在下院中提出了一个问题。这封信想必就是我写的那一封，因为我那时还是埃里奥特夫人。当时兰开夏的工厂主们已经在抱怨他们无法同香港的廉价劳动力竞争了。这种抱怨是有道理的，尽管我无意使香港人失去工作。

人们找了许多理由来辩解，其中一个很重要的理由是，我们香港的机器要比兰开夏的先进。有些机器可能是先进一些，但这个问题产生的原因肯定是香港劳动力便宜以及工人工作时间长。香港使用的机器中有一些是很原始的。在香港大街上可以找到使用那种在英国只有在博物馆内才能看到的老式手纺机纺棉花的妇女。

这场争论的结果是，香港的工作时间被缩短到每天8小时，但有一个附加条件：任何人都可以自愿超时工作。由于工资也随着新的工作时间的实行而相应削减了，不难想象，几乎所有的工人都"自愿"加班。那些不愿加班的工人很可能丢掉工作。在有急活时，有些雇主甚至把工人锁在工厂内，以确保按期完工。劳工法有很多年未对这个问题采取措施。雇主们有充分的理由：工人们"愿意"超时工作。一家英文报纸居然说，中国人把长时间工作当作"享受"。但他们没有其他选择，他们需要挣钱维持生计。就连童工也被掩盖起来，办法是不给儿童发放有照片的身份证，这样，孩子们就可以向年纪较长的妇女借身份证来掩饰自己的年龄。另一个窍门是在视察员来工厂时把小孩子赶到外面去。更有甚者，由于政府部门内贪污成风，厂主会事先接到视察员将到的通知。

我在与穷苦家庭交往的过程中，吃惊地发现童工是得到官方认可的。我不止一次遇到这样的情况：当我要求为某个贫困家庭提供社会福利援助时，有关的人会对我说，那户人家不够资格，因为他们的未成年的孩子在做工帮补家计。这样，穷苦家庭便只好打发孩子，尤其是女孩，去做工养家。否则就得挨饿。结果，大多数学校中男童的比例远远高于女童。即使是现在，香港仍有一些妇女不会写自己的名字，因为她们从未得到认字或写字的机会。因此，我不得不得出这样的结论：当时颁布的劳工法不是为了造福于工人，而是为了使外国批评者满意以及欺骗国际上的一些劳工组织。这就是我在香港头10年的经历。

第 3 章

香港的两个市政局

我同市政局的关系可追溯至1963年我作为革新会的成员被选入该局的时候。革新会选中我是因为他们想要一位女候选人，而且最好是教育界的。

市政局是1933年成立的一个专责公众保健、娱乐、文化、食品卫生、小贩及市场事务的市政委员会。它的前身是卫生委员会，那是政府在1883年成立的，负责处理公众保健事务，因为当时正值瘟疫流行。日本占领香港后，政府对市政局实行了一点民主，有两位成员是选举产生的。这个数目后来逐渐增至八个。委任的成员也相应地增加了，官守议员是六个。1973年，市政局成了财务自主的机构，取消了官守议员。这时它才能够自己做决定。经费来自差饷，有一部分差饷是专门拨给市政局开展工作用的。

在此之前，我已经在帮助解决民众的困难了，因为我住在寮屋区内，知道穷苦人干任何事情都得行贿，从盖一间非法小屋到做个小买卖维持生计，不行贿都办不成事。我以为参加市政局会提供一个更好的平台来为民众服务。然而，事实证明并非如此。

那时候，市政局议员的工作是自愿的，我们个人为公众办任何事情都得花自己的钱。为了有时间在我自己的学校内教书及参加市政局的会议，我不得不辞去一份教职。后来，当市政局的成员开始领取津贴时，我觉得从某种意义上说，这是好事，因为它解除了一种沉重的负担，但同时它也会吸引一些候选者，他们把这项工作视为收入来源而未必是向公众提供的一种服务。

当时，成为市政局的成员的条件之一是要懂唯一的官方语言——英文。每个候选人都得宣誓说他懂英文，因为所有文件都是用英文写的。这对那些可以工作却只能讲中文的人是不公平的。于是，议员黄梦花博士和我，以及一些不是市政局议员的人，进行了多年的游说，直至中文成为官方语言。即便如此，那也是过了很长时间以后，文件才用两种语言书写。但在中文成为第二种官方语言之后，那些需要雇翻译的人则获得了津贴。

我参加市政局时，局中有八位是政府委任的议员，有六位是各部门的官员，还有八位是选举产生的成员。市政总署署长永远是主席。不论讨论什么问题，委任的议员总是站在政府一边，所以，在任何争论中，选举产生的议员总是居少数的反对派。委任的成员如果支持了选举的议员，下一次就不大可能重新获得委任了。

由于市政局的权限局限在文化、公众保健和娱乐方面，而且当时的立法局内没有选举产生的成员，市政局中选举产生的议员就总是要求扩大权限，使之可以处理社会福利、教育或对公众有影响的其他问题。我们的确有一些负责公屋政策及管理的委员会，但由于缺乏财政上的支持，我们的权力十分有限。

使选举产生的议员们感到沮丧的还有投票范围的狭窄。只有纳税人、专业人士和类似的上层人士才有投票权，这样一来，大多数穷人就处于很不利的地位。我记得，在投票的日子，一些底层的人举着横幅前往大会堂，呼吁有权投票的人把票投给帮助他们的人。使我感到高兴的是，总的说来，大多数投票人都是支持那些为穷苦百姓办事的人的。在我同贪污受贿现象进行最艰苦的斗争的那个时期，我一再成为得票最多的候选人，想必这是让政府很头痛的事。事实上，我常常是在无人反对的情况下当选，尤其是在1967年至1974年廉政公署成立的那段时期。我在选举中所遭逢的仅有的一次失败是在1995年，当时，由于我不同意港督彭定康（Chris Patten）的政制改革，有人联合起来把我逐出立法局。那也是政治手腕和肮脏伎俩第一次占了上风。参与这种旨在击败我的联合行动的有新闻界的某些人，有港督，还有我的对手的党派，该党编造了许多不实之词来批评我。尽管如此，我仅以很少的票差落败。选民们告诉我，他们当时不知道该如何投票才好，因为他们希望我和我的对手都能当选。他们并不知道在距1997年回归仅剩几年的时候有人在幕后所玩弄的伎俩。

在麦理浩爵士（已故勋爵）被委任为港督之后，开始了对每个领域内的不公平的殖民制度的社会变革。我发现我们有了一位愿意倾听抱怨并就此采取行动的港督，这是我担任市政局议员10年来的第一次。尽管英国坚持说民主在香港不可行，因为那会引起不稳定，麦理浩爵士还是像一个真正的民主派那样行事，实行了一些人们会期待一个真正的民主政府实行的那种变革。他会把像我这样的人召到港督府，询问我们对各种问题的看法。因此，我们看到了免费普及教育的实施、社会服务的提升、娱乐设施的改善、当值律师计划的实行、法律援助署的成立，而最重要的是对贪污腐败的打击。在以前的几任港督当政时，我曾竭力指出贪污受贿现象是对法治的嘲弄，但到头来只是给自己惹来麻烦而已。例如，有一次我把一个在东九龙一家电影院的紧急出口内经营的非法食品摊档拍摄下来。我的照片内还有一个警察在那里观望，显然对这种危险的生意毫不在意。当我在市政局的一次会议上把照片展示出来时，市政总署竟说这不是真的，并在下次开会时展示了一张电影院的入口畅通无阻、外面的路上也没有任何非法活动的照片。我指出，我不可能伪造出我所拍摄的场面，尤其是照片中还有一名警察，而市政总署在拍摄他们的照片之前先把街道清理干净是很容易办到的。但无论我怎么说都没有用。在麦理浩爵士来香港前，这类恼人的事是司空见惯的。他却对所有这种证据都很重视，而我所希望的也正是这样，因为我从未打算去骚扰政府，而只是要为民众争取公正。事实上，在我初到香港时，正是一位诚实的公务员建议我买一部照相机把非法活动拍下来的。

只在一件事情上麦理浩爵士曾使市政局感到恼火，那就是，他决定不再由他们掌管公屋政策与管理。他解释说，他有一项10年计划来重新安置所有居住条件恶劣的人，为此，他将设立一个房屋署，并委任我们中的一些人到该署工作。我是获得委任的人之一，而且一直到1985年都是房屋署的成员。港督还对我们说，除了住屋问题以外，市政局在属于我们原先的职权范围的事务上将获得财务自主权。那是在1973年，此后市政局就管理自己的财务了。总的来说，我认为这个新计划是好的，尽管作为房屋署的成员，我发现要想改变任何不公平的政策都是非常困难的。例如，我反对为低价住房设立收入上限的政策，因为这种上限对所有申请者都是一样的，而不管其家庭人口多少，是两口人还是十口人。我花了五年的时间才说服他们相信，我们需要用一种按人口平均的制度来评估住屋需要。在我看来，制定政策的依据是政府部门的方便，而不是人们的需要。

使市政局感到关注的另一个问题是港督在1986年提出的在新界建立另一个市政局的建议。市政局从一开始就在整个香港实施着有限的权限，但有些原住民村长感到他们的一些特定的需要没有受到重视。市政局议员本来希望从新界增选一些成员，组成一个大香港市政局，但是那些乡村地区的领袖坚持要成立他们自己的区域市政局，其活动经费完全由政府提供，而市政局却需要依靠一部分差饷。政府接受了原住民的建议，于是，市政局便只好顺应这个决定，尽管有些议员担心设立两个市政局会造成沉重的财政负担。然而，两个市政局之间建立了很好的关系，而且，尽管它们分开工作，有不同的政策，它们之间有着大量的联系和友好的交往。

在麦理浩时期，进一步的政治发展取得了成果。在20世纪60年代，尤其是1966年和1967年的动乱之后，曾一再出现不满的迹象。这时，政府便开始就各区的地方事务向公众领袖们征求意见，并建立了会见市民办事处，来收集有关这些不满的根源的情况。起初，许多人认为成立会见市民办事处的目的是暗中监视那些有怨言的人。当时民众对政府竟不信任到这种地步！压力团体常务委员会（SCOPG）就曾在私下里对所有参加过教育行动组（Education Action Group）、香港观察社（Hong Kong Observers）等运动的人以及像我这样听取民众抱怨的人进行过调查。不仅我的名字上了名单，我的电话也被窃听。不过这并没有令我担心，因为我的所作所为没有违犯任何法律，而且我的目的也不是要推翻政府，而是要使它更加负责。

透过会见市民办事处进行调查的一个结果是，政府最终在全港各区都建立了由选举产生的和委任的成员组成的区议会。虽然区议会没有实质性的权力，但在所有政府事务上都征求他们的意见，而且，有一度他们还协助平息了民众的一些愤怒情绪。他们在深入到本区居民之中、把民众的疾苦转达给政府这方面也起了重要作用。

现在回过头来再谈一下1973年以后的市政局的问题。在使市政局获得财务自主权这件事上，麦理浩爵士是功不可没的。所有官员都被请出了市政局，而选举产生的议员和委任的议员的人数一样多，各有15人。议员们选举自己的主席，首任主席是沙理士（A. de O. Sales）先生。我同沙理士先生有过多次争论，其他选举产生的议员也是如此，因为他容不下他不赞同的任何意见，而且他还对委任的议员，甚至一两位选举产生的议员施加影响，使他们支持他。尽管我们之间有过一些分歧，我始终认为沙理士先生是位好主席，因为他总是严格地恪守市政局的权限，拒绝辩论或讨论我们所无法掌控的其他问题。他同意我们可以在市政局之外想说什么就说什么，但只能以我们个人的名义而不是以市政局的名义发表意见。我认为这个原则是正确的，因为有几个议员总爱到电视上去谈论市政局的事情，这可能误导公众，使他们以为这些问题都是市政局决定的。后来，随着1997年的临近和彭定康就任港督，这个原则没有坚持下去，以至市政局也辩论起终审法院这样的问题来，而这类问题与市政局毫无关系，纯粹是应当由立法局（香港的小型议会）来决定的事情。我认为，市政局在过渡期内这种偏离自己的职权范围、介入政治问题的做法大概就是两个市政局最终被撤销的主要原因之一。这只是我个人的看法，也可能我的看法是错误的。政府部门的人虽然已不再是市政局的议员了，还是得坐在那里听议员们就一些与他们的工作毫无关系的问题进行冗长的辩论。一位在过渡期即将开始时突然对市政局产生了兴趣的新议员就曾相当坦率地说，他就是想把市政局变成一个政治机构。但不论是殖民时期的法律还是北京颁布的、将于回归后在香港生效的《基本法》，都没有这样的条例。所有这些政治问题都可以在立法局内进行合法的和公开的讨论，也可在媒体上讨论，因此，市政局似乎使自己变得多余了。

至于1973年以后市政局的工作，进展倒是蛮大的。各区纷纷建起了图书馆、小型图书馆和流动图书馆。街市①、游泳池、运动场、公园以及多层体育馆也如雨后春笋般地建立起来。建立多层体育馆

---

① 香港开埠初，传统市场大都设立于街道旁，故此称为"街市"。之后商贩大多迁入室内，但仍沿用"街市"之名。——编者注

是为了最大限度地利用分配给的有限的空间。由于一项谅解备忘录的限制，我们无权修建大会堂或文化中心及博物馆等大型项目，但通常我们都可以说服政府相信修建这些设施是必要的，于是我们便有了太空馆、艺术馆、历史博物馆和茶具文物馆，以及一座很好的海洋馆、一座体育馆和许多其他公众娱乐设施。

在我于1986年就任副主席时，我发现，市政局同政府各部门的关系大大改善了。每次举行市政局的常设委员会会议之前，主席和我都要同市政总署的署长及其他官员开会讨论一些项目和策略，而且讨论几乎总是在和谐的气氛中进行。各部门的处一级负责人特别热情，因为他们不必再等上好几年才从政府那里得到兴建他们的工程所需要的经费了，而且他们对于如何更好地为公众服务总是有很多创意。委任的议员同选举产生的议员之间的关系也改善了，因为他们不再感到自己处在有权就委任提出建议的市政总署署长的监视之下了。获委任的人的素质是好的，他们为文化事务、体育、建筑，以及我们的财务会计工作提供了专门知识。这些专家很愿意抽时间以议员的身份提供咨询，但他们太忙了，无暇参加竞选或从事会见市民办事处的工作，以倾听民众的抱怨。彭定康就任港督后，无视我们的工作是多么需要委任议员的参加，我相信那时大家一定非常怀念委任议员们提供的建议。

由1973年以后的市政局挑选的市政局标志，即紫荆花，很快便出现在香港的大街小巷。我相信它是香港存在过的唯一的民主象征。当时，知道立法局的人很少，因为它只是由官员和委任成员组成，而这些委任成员与民众几乎没有联系。那个机构中没有选举产生的成员来为贫苦人讲话。

另一个值得欢迎的变化是，市政局的议员们开始领津贴而且可以处理向他们反映的任何问题了。他们处理这些问题的方式是就这些问题致函有关部门。会见市民办事处的这种服务大受公众的欢迎，尤其受穷苦人和受到不公正待遇的人们的欢迎。起初，我有些应接不暇，无法处理向我反映的所有案子（有时一周多达上百件），这些案子涉及各种各样的事情，但有关住屋、小贩、社会福利、法律案件和移民事务的案子特别多。人们从周五晚上开始在我的办事处外面排队，等候周六下午见我。当我发现某些有需要的人不得不向黑帮付钱的时候，我感到非常难过。这些黑帮排队时站在前面，然后把我们发的免费票卖给那些需要我们的援助的人。最后，这个问题被一个年轻人解决了。他自愿提供服务，是因为他希望帮助民众。此人就是刘亚伦。当时他是一位有经验的政府文员。在殖民统治时期，他不敢对任何人讲他在为我提供帮助，因为如果别人知道了，他肯定会遭到解雇。他一直为我工作到1999年我不再担任任何委员会的职务为止，而那时他也已经60岁，从政府部门退休了。亚伦很快实行了一种约见制度，如有新案子，只需打个电话约个具体时间就行了。他还实行了一种登记制度，并在其他一些愿意帮忙的不同国籍的志愿人员的帮助下建立了一种我们称之为"生产线"的快捷而高效的制度。当事人在打过电话的同一周内就会被安排约见。首先由一位志愿人员记下他的姓名、住址、家庭人口数目，以及他所遇到的问题，然后让当事人去找我。为了节省时间，由亚伦担任翻译，虽然一般来说我也能听懂当事人的问题。在他翻译我的提问和对方的回答的这个空当，我就把这些内容草草地记在案卷中并决定采取何种行动。我的决定总是征求当事人同意的，因为有些人害怕把他们的案子提交给官员们处理。然后，我把案卷交给坐在我身边的另一位志愿者，向其说明在我们要发出的信中应当写些什么内容，有时则由我本人来起草信件。然后把信交给一位担任打字员的志愿人员，把信打好后再交给我核对并签名。有关案卷最后交给另一位志愿者，由他在登记簿上记下我们采取了什么行动。这时我们会把我们的信件的一个副本夹在案卷内，而把信件交给当事人，告诉他应当把信交到哪里。如果他不敢送交信件，就在他同意的情况下由我们邮寄出去。然后，我们为他安排一次三周后的新约见，届时我们通常会收到有关部门的答复。如果收不到答复，我们会发一封催促信去。我听说，公务员们总是认真考虑我的信，有的是因为他们同意我的看法，有的则是担心要是不给答复我会去控告他们玩忽职守。遇到极端玩忽职守的情况，我会投书报章。在那个时期，我写的信报章总是会刊登的。遗憾的是，如今这些怀有偏见的报章很少刊登我写的东西，因为他们只想听反对特区和中央政府的观点。我认为，这暴露出他们的所谓民主只是一场闹剧，新闻自由只是对主编而言，主编拥有只把他希望公众知道的东西告诉他们的自由。

有些市政局议员以及现时的某些立法会议员认为没有必要亲自会见投诉者，而是要求下属工作人员去做这件事。我觉得，采取这种做法是无法完全了解民众的问题的，而不了解这些问题，我们便无法提出有用的建议来改变不公平的政策。与民众面谈，看到不正确和不公平的政策给他们造成的痛苦，这是了解哪些政策需要改变的唯一途径。我发现，透过会见市民办事处，我在市政局会议上就可以举出实例来证明政策的实施效果。正是透过会见市民办事处，我才能够在1974年成立廉政公署之前那个腐败成风的时期追查贪污受贿现象及警察滥用权力的事例。廉政公署成立后，人们便可以直接向该公署投诉了。

有一个案例可以用作那些贪污和滥用权力的现象猖獗不羁的可怕岁月里警察滥用法律的实例。当时刚刚颁布这样一项法律：在公开场合被发现携带任何刀子都属于刑事犯罪，有关的人会被检控。一个十多岁的男孩被他的父母带到我的办事处，求我帮忙，因为他们的儿子被控在公共场所持有刀子。这个男孩自己对我们讲述了他的故事。那天他正坐在自家屋外给他弟弟的课本包书皮，这时警察逮捕了他，理由是他在公共场所持有刀子，而且很快将提审。那个时候在较低级的法院中没有免费的法律援助。不过，我有一笔数额不多的基金，那是我用我获得的麦格赛赛奖设立的，专门用于这类案件。于是我用很低的收费从一家愿意协助这类案件的律师楼聘请了一位律师。该男孩被无罪释放了。他给我寄来一张漂亮的致谢卡，这卡我一直珍藏着。他绝不是这种滥用法律的行径的唯一受害者。我曾就我所接到的这类个案写过一本小册子。在我把这本小册子寄给伦敦上下两院的议员后，90岁高龄的芬纳·布罗克韦（Fenner Brockway）勋爵以及一些香港律师过问了此事，于是便建立了"当值律师计划"。所以我认为，如果你真想知道哪些政策需要修订、哪些不公正现象需要给予注意的话，与公众会面是必不可少的。尽管我现在不再是业已撤销的市政局或者立法会的议员了，我仍然处理那些邮寄到我这里的案子。

我之所以如此详细地讲述市政局成立之初的事情，是因为我觉得，市政局的工作使它成了公众之友，也成了民主的象征，尽管在立法局实行选举制之前该局中仍有一些委任议员。现在，立法会已经完全是选举产生的了，我认为所有这些问题都可以由立法会来处理了。

当然，市政局在建立街市方面所扮演的新角色并不是人人叫好的。小贩们站在街边做生意是最好不过的了，因为买东西的人不愿意走进又湿又滑的街市。我们面临的一个难题是用于修建街市和市场的土地的批给问题。由于批给我们用来修建街市的土地常常很少，小贩们便抱怨说，他们感到好像被关到牢房里了，更使他们苦恼的是，新的小贩占据了他们在街市外面街边的位置，并抢去了他们的顾客。中环街市是说明我们所面临的难题的一个例子。在决定于紧靠该街市的地方修建半山电梯的时候，政府本想把那块地全部收回，而那块地是非常宝贵的。我们表示，如果政府能向我们提供一个可建街市的好地皮，这样的行动我们可以接受。但他们提供的地皮都是无法做街市生意的，所以我们拒绝接受。结果，只对原先的街市做了一点调整，街市仍留在原址。政府至今还想要回那块地，但是，除非给他们一块真正适合做生意的地皮，否则街市的摊主们一定会拒绝搬走。作为市政局的议员，人们有时会责怪我们所建的街市不尽如人意，但我们控制不了批地，有时只好在条件不利的情况下尽力把事情办得好一些，有人批评也只好接受。

尽管西方所实行的政治制度仍有某些不民主的地方，我认为，大多数香港民众至今仍把麦理浩勋爵在任时期和刚卸任之后的那段时间视为黄金时代。当时，人们可以让政府了解他们遇到的难题并指望政府会就此采取某种行动。我觉得，绝大多数民众对今天有些人大谈特谈的政治理论并无兴趣。毕竟，如果你无工可做，或者没有希望得到一个说得过去的地方栖身，有选票又有何用？在大多数人的心目中，面包和黄油的问题仍然是首先关注的，只有学究们才把美国散布的那些有关"民主和人权"的陈词滥调放在优先地位。

1981年前后，市政局议员们被委任为区议会的当然议员，其用意无疑是在提供属于市政局权责范围内的设施的问题上听取区议员的建议。有些市议员对他们在区议会中担任的角色很快就感到厌倦了，因为区议会成员们想谈什么问题就可以谈什么问题，哪怕这些问题与市政局的工作根本不搭界。我曾努力参加所有区议会会议，只要它们与市政局会议没有冲突，而且努力推动区议会议员们提出的有关街市、游泳池、图书馆等问题的建议的实施，但问题在于，每个区议员都代表该区内的不同地段，有时某个议员希望有关设施建在他自己的那个地段。例如，在我的那个区内，有些议员希望把一个街市和游泳池建在彩虹，另一些议员则希望建在坪石。这两个地段紧挨着，中间只有一条主要道路相连，这条道路只需修建一座过街天桥，就能使街市和游泳池同时为两个区服务。看来没有必要在靠得这样近的区内各建一座耗资巨大的游泳池。我曾开玩笑地建议修建一座游泳池，沿中间画一条线，以满足这两个毗邻地段的居民的需要。所有议员自然都希望证明自己在为本地区做些事情，因为他们是这些地区的居民选出的。然而，区议会会议总是非常冗长的。由于本身无权做出实际决定，每个议员都希望别人能听到自己在每个问题上的意见，于是就会不厌其烦地重复。对我们这些要在我们的市政局工作中做出实际决定的人来说，区议会会议只是清谈馆而已。区议员感到失望是自不待言的。最后，政府修改了委任我们为区议会当然议员的制度，而是由区议会推选10名成员参加市政局。起初我们曾担心这会把市政局变成清谈馆，但事实证明这是一个好办法，于是，我们很快做了调整，最后也请他们的人一道担任我们的各个委员会的主席。增加10名成员的做法也增加了市政局的民主成分，在40名议员中已有62%的人是选举产生的了，而在市政局刚变成自主机构的时候（1973年），选举产生的成员只占55%。这样说不是要诋毁市政局中的委任成员。事实上，一些委任议员要比选举产生的议员工作更勤奋，出席会议的情况更好。有些选举产生的议员把太多的时间花在准备选举上，不去参加市政局的工作，而是挨家挨户地进行游说。我记得，有一位选举产生的议员——我在这里不点他的名字，因为他现在是立法会议员——把大部分时间花在攻读大学学位上。他依靠市政局的津贴，却不为市政局做事。当时他受到了警告，如果不改正，就会被驱逐出市政局的有关委员会。

选举产生的议员们希望让一位选出的议员担任市政局主席，因为沙理士先生以委任议员的身份担任主席一职的时间太久了。说真的，我个人并没有要当主席的想法，因为我对这个职位没有什么兴趣，不过，我决定支持让选出的议员担任主席。最后，霍士杰

（Gerry Forsgate）先生当选主席，我当选副主席。实际上，这个职位更适合我，而霍士杰和我合作得很好。每次举行常务委员会会议之前，我们都要先开个会，我发现这种会是非常有用的。一般来说，市政总署同市政局的议员之间也合作得很好，我们仅讨论属于我们权责范围之内的事情。但有时候，我们在有些无法取得一致的问题上也展开热烈的争论。通常，我们最后总能设法达成妥协，因此彼此的关系是相当愉快的。

1985年，市政局变成了立法局的一个功能选区，市政局的议员们可以推选一位代表参加立法局。在其后的那次选举中，也就是1988年，我被选为这样的代表，并以这种身份在立法局服务两个任期。在1988年市政局推选我参加立法局的时候，他们允许我在立法局所讨论的任何问题上自由表达看法，但要求我在与市政局有关的事情上征求他们的意见。我尽了自己最大的努力履行好这一职责，在每一次常委会上都要就每一个与市政局有关的问题做出汇报，征询他们对我在任何这类问题上应当如何投票的意见。事实上，立法局总的说来并没有干涉市政局的工作，虽然我曾不得不在让市政局议员接受申诉专员审查的问题上表示反对态度。我的理由是，作为选举产生的议员，他们应当对选民负责。我们输掉了那场斗争，尽管我不记得有哪位市政局议员成为人们向申诉专员投诉的对象。我们有自己的投诉委员会和上诉委员会，而且我们尽最大的努力去维护那些前来寻求我们帮助的民众的权益。

彭定康当上港督后，市政局遇到了最大的挑战。当时我们已经讨论过市政局的未来，并一致决定对市政局的民主改革要一步步地进行。我们还得出这样的结论：委任议员发挥了有益的作用，应当在我们能找到具有委任议员所提供的那种专业知识的候选人的前提下，尽快地分阶段取消委任议员。而彭定康却鲁莽地推翻了我们的意见，要我们立即变成一个完全由选举产生的市政局。作为市政局在立法局中的代表，他把我召到港督府，要我就市政局议员和区议会成员全部直选的可能性发表看法。我对他说，我无权代表其他机构发言，但我有责任代表市政局讲话，而市政局希望分阶段逐步取消委任议员。我讲了理由，并解释说，这在当时是大家一致的意愿。看来，港督对我的回答非常不满意，很快就下了逐客令。那是1992年7月的事，即在他当年10月份发表他那篇爆炸性的讲话之前。到他发表那篇讲话时，我已经征询了各区议会的看法。19个区议会中，除了一个以外，全都与市政局的看法相同。我如实向港督做了汇报，但他大概除了李柱铭和刘慧卿的话以外，谁的话也听不进。后来倒戈到港督那一边的市政局和区议会的议员极少，不过，我后来发现，在此之前女王已经签署了那个一揽子改革方案，所以我们大家争取修订根本是浪费时间。

在1995年的市政局选举中，有些候选人大打民主牌，竭力向民众灌输对1997年以后将发生的事情的恐惧情绪。大多数媒体也都跟着"民主派"跑，而那份靠降价把其他报纸挤垮的发行量最大的报纸就是为了听从港督指挥、把任何不同意见的人置于死地而创立的。但我相信——尽管我的看法也可能是错的——正是那次选举的结果最终导致了两个市政局的消亡。1997年，这两个机构被降格为临时委员会，因为彭定康的方案违反了《基本法》，阻断了"直通车"。1995年以后，这两个市政局就不再有委任议员就诸如香港中央图书馆的建筑方案这样一些需要专家咨询的问题提供意见了。他们也不再有文化和会计方面的专家了。市政局成了讨论那些由立法局处理的问题的另一个政治平台。与《基本法》第97条的规定相反，它变成了一个政权机构。司徒华在其竞选中明确宣称，他打算把市政局变成一个政治机构。我相信，他发表这样的声明就等于签署了这两个市政局的处死令。不仅如此，我常常听到公务员抱怨说他们浪费了很多时间去听有关一些与他们的工作毫无关系的问题的冗长辩论。一些资深的和有经验的官员对我说，他们之所以提早退休是因为他们对1995年发生的一些转变感到不开心。我在市政局工作了32年，其间曾支持过许多自称民主派的候选人参加选举，如今却看到市政局被撤销了，这使我感到悲哀。然而，市政局已不再发挥它真正的功能了，它只是在重复某些政客所做的某些事情。更有甚者，它在用公帑达到政治目的。

上文提到，在1986年成立区域市政局之前，市政局最初的管辖范围是整个香港。我曾处理过新界的许多问题，即使现在，偶尔也会有新界的人要求我帮助解决某个问题，通常都是私人的问题。在区域市政局成立之前，我同一些居民团体打过交道，因为我们的一些选票来自新界，而我们那时的选区包括整个港岛、九龙和新界。我处理过的最奇特的案子之一是在屯门。有一天，屯门警署打电话对我说，他们的警署被一个公共屋村的居民包围了，他们希望我出面设法解决这个问题。我赶到屯门向居民了解事情的原委。屋村管理员——他们都是公务员——本来很容易就能把问题解决，但所有的投诉显然都被置之一旁了。这些居住在屋村的男人说，他们的寓所入口处的大门质量很差，他们一大早外出做工，流氓就打开大门欺侮他们的妻子。他们所希望的不过是装上比较安全的大门而已。我同房屋署联系过后，得到了立即解决这个问题的保证。结果也真的立即解决了。似乎没有必要把人们逼到暴乱的程度才听取他们的要求嘛。听到更换大门的许诺后，那些人便安静地回家去了。只要政府中有人肯倾听民众提出的问题，许许多多的申诉本来是可以和平解决的。

当特别行政区政府决定撤销两个市政局时，有人再度提出建立一个联合市政局来负责这两个领域的事务的建议。然而，两个市政局还是在其任期于2000年届满时撤销了。其实，殖民政府在成立负责康体和文化的新机构的时候就已经做好撤销这两个市政局的准备了。在新的体制下，政府成立了各个独立的部门来处理各种不同的问题，而这些问题原先都属于两个市政局的权责范围。时间将证明这个新体制是否成功。

第 4 章

小贩成为贪污受贿者的猎物

如果说"英国是一个店主的国度"这个说法是正确的，那么，"直到不久前香港还是一个小贩的城市"这个说法也同样是正确的。据英国对香港实行殖民占领初期的记载，新的殖民老爷鼓励中国工人从内地到香港来当地盘工。做小买卖的人跟随这些工人而来，设立摊档为这些工人提供生活必需品。从最初的那个时候起，英国殖民政府就设法控制这些小贩，但始终控制不了。小贩们常常因煮食和做其他营生而把街道弄得脏乱不堪，当然也会招来老鼠，而当时鼠疫是香港的死敌。

第二次世界大战结束后，小贩们的处境大不如前了。从战乱的中国涌来的移民没有足够的工作可做；即便找到工作，工资也低得可怜。已有的几个政府街市都很小，通常是肮脏而拥挤的。买东西的人宁愿到别的地方采购，因为街市内没有空调。于是，许多新移民就在街市外面搭起摊档，还有些人则走街串巷兜售货品，这在当时是唯一合法的售货方式，因为他们只能获得流动营业的牌照。这就是说，他们必须把货品放在两只筐里，用竹扁担挑着走来走去。我初到香港时，许多小贩就是这样做生意的。但后来街道上的行人太多了，再用这种办法几乎行不通了，大多数小贩就违法设立起非法摊档来。

有些领到卖熟食的牌照的小贩算是享有特权的。他们年纪长一些，其中许多人在战争期间为英国人服务过。但是，不论小贩领取的是哪类牌照，所有人都必须向三合会分子交保护费，其中有些钱便到了警察手中。一个众所周知的事实是，小贩们轮流被捕，因为他们所有人都得行贿才行，而警察也得透过逮捕非法小贩和那些阻塞交通的人来证明他们在尽其职守。由于在警署内处理传票要花好几个小时，所以每天只能抓一两个，而数百个其他小贩只要交过必要的贿金就可以继续非法售卖他们的货品。在这种情况下，法治只是一句笑谈。

我于1951年来到香港后不久，看到了警察是如何对待小贩的。一天，我正在九龙城街市买东西，突然听到一片扭打声。这时我看到一名年轻的英国警察拽着一名妇女的头发把她拉到街市外面去。我的同胞对一位当地妇女的如此行径使我感到震惊和羞愧，于是我跑过去问他知不知道自己在做什么。我猜他压根儿没想到会在这样一个几乎全是中国人的居民区的街市内看到一个英国人。他解释说，那女人在街市内非法贩售货品，必须把她赶走。我提醒他说，要赶走一个人，可以采用其他办法，不一定非得拽头发不可。当时同我在一起的还有一位英军士兵。第二次世界大战结束后，他和另外几名士兵必须服两年兵役。我们是在我们的教堂内邂逅他们中的几个人的。这个年轻人当时正值休假，就住在我们家里。他对我说，完成两年兵役后，有些士兵接受了在香港当警察的工作，因为他们了解到，警察透过收受贿赂能赚很多钱。这个年轻人对这种工作不感兴趣。事实上，他很想家，想念他们在英国的家庭农场，而且对他在香港看到的像我刚才描述的那种事情感到非常厌恶。

　　但是，行事如此傲慢的并不仅限于英国警察。九龙城警署有一个中国警察，中国人给他起了个外号，叫"吴四眼"，因为他戴眼镜。当时正值20世纪60年代贪污之风迅速蔓延的时期，看来有一个小贩拒绝交钱，吴姓警察把这个小贩按在地上，无情地踢他，直至这个可怜的老头肋骨被踢断送去就医。

　　有一次，有个人——我不记得是谁了——邀我到九龙城去听小贩们在街市外面诉苦，听听他们中的一个人如何被警察打成重伤。这个案子太恶劣了，我认为需要对那个姓吴的采取行动。但由于事发时我不在现场，我需要证人。没有一个小贩愿意出来做证，尽管有好几十个人看到警察踢人，而且都对这件事感到气愤。我问他们为什么不愿意做证，他们对我说，事发后，姓吴的给他们所有人都拍了照片，并警告说，如果他们中有谁胆敢出庭做证指控他，他们全家的生计就会被毁掉。在那个生活艰苦的时代，没有人敢于充当指控警察的证人，这完全是可以理解的。然而，一个本身不是小贩但目睹了警察踢人情景的人愿意出来做证，于是，这件事被及时报了案，请求法院采取行动。可是那个证人没有出庭，当我问起此事时，有人告诉我，那个证人自己受到了指控并以贩毒的罪名被投入监狱。由于他已经在服刑，他以证人身份出庭做证便一定不会被采纳，尽管导致他被判刑的罪名无疑是捏造的。贪污的警察要毁掉证人真是易如反掌。最后，唯一出来指证吴姓警察的便是那个小贩的小女儿，她亲眼看到了父亲被踢的场景。如果我没记错的话，她那年只有9岁或10岁。由于她记不得姓吴的到底踢了她父亲多少下，这个案子由于证据不可信而被撤销了。

但是，就那个可怜的小贩而言，这个案子并没有完结。当他伤好之后设法重操旧业时，他被人截住，捆绑起来，拉到距离很远的新界。而且，在他的鞋子和身上的钱都被收走的情况下，警察让他走回家。由于身无分文，他只好这样做。

显而易见，小贩们根本无法享受香港大肆标榜的法治，也无法避免为获准赚钱维持起码的生计而行贿。如果所有裁判官都能对贪污受贿之风的严重程度有所警惕，我们本来可以看到法院为上面提到的那样一些小贩主持正义。然而，遗憾的是，几乎可以肯定，有些裁判官本身就不免受到贪贿风气的侵蚀，而太多的裁判官则是来自英国的初出茅庐的新手。他们不谙中文，而且想当然地认为他们在英国学到的所有东西都适用于香港。我记得有一位裁判官，他本人无疑是个正派人，却受到误导，相信在起诉小贩时站在证人席上的每一个警察的证词。我记得一位勤劳的妇女的例子。她有一个不争气的丈夫和几个年幼的孩子需要养活。为了糊口，她只能在她所居住的屋村内贩售货品，这样她可以同时照看孩子。不幸的是，这是违法的，尽管她绝不是该屋村、该地点唯一违法的人。她被正式逮捕了。她出庭那天，是我陪她去的。我知道她犯了这种轻罪，但我无论如何没想到那位没有经验的裁判官会判她入狱几周。但他确实这样判了，而她首先想到的是孩子怎么办，因为她的丈夫十之八九是不会照看她的那些孩子的。

法律允许要求迅速重审，但这个没上过学的妇女对自己的合法权利一无所知，所以，在法庭审完此案后，我去见了那位裁判官，请求他重审。也许是事先有人警告过他要对我加以提防——我不知道是否确实如此——他在办公室门口一见到我就发起火来，要我立即离开，否则就要以企图破坏司法程序的罪名逮捕我。我设法解释说，我并不是要破坏司法程序，只是想替那位不知道自己有什么权利的妇女问一下能不能重审这个案子。后来，他消了气，同意这样做。事实上，他做得更多。他要我带他到发生违法行为的那个屋村去，向他介绍一下当时的情况。我欣然照办了。他所看到的情景使他感到惊讶。数十名小贩都在那里非法兜售他们的货品，却安然无事。这个妇女是一个顺从的替罪羊。无须说，她很快获释回来照料孩子。后来，这位裁判官亲自感受到了法律可能是多么不公平：有一次，他被指控犯了轻微交通违章，因为他（如果我没记错的话）开车时在某个地方掉了车头。尽管所有人通常都在那里掉头，但只有像他这样的少数人会实际受到违章指控。

类似上面提到的那种案例，我可以一个接一个地写下去，但我觉得，这些例子已经足以说明，为什么在多年过去而没有采取任何措施遏制三合会和贪官们的活动之后，穷苦人、未受过教育的人以及境遇堪怜的人中的愤怒情绪会愈积愈深。警方的确有过一个反贪科，但我发现，那个科比任何其他部门都更加腐败，因为它派人保护某个政府部门免受公众的贪污指控，而它这样做是有代价的。换言之，它本身就是腐败透顶的。

随着时间的推移，加之警察发现有油水更大的大鱼可抓，他们不想再同小贩们周旋下去了。事实上，小贩的数目太多，而警察的任务本来是打击犯罪，可是小贩们，除了其中的三合会成员以外，都不是罪犯。最后，一个新的半纪律部队成立了，那就是"小贩管理队"。这个机构的成员虽然受过警察的一些训练，但只负责这一项特定的任务，而且薪水也比警察低。他们中的许多人都没受过什么教育，其实在当时，就连普通警察通常也只有小学文化。人们原以为小贩管理队只负责管理小贩，会表现得好一些，事实证明这种想法错了。实际情况恰恰相反，因为小贩管理队很快发现，迫使所有小贩交钱给他们，不然就对之提出检控，这是一种有利可图的买卖，而且他们有更加充裕的时间收取贿赂。小贩们说得十分贴切："警察有许多道菜可吃，可小贩管理队只有小贩这一道菜。"

其后的一些年里，为使小贩摆卖活动受到控制，政府做了许多努力，但由于贪污受贿已成痼疾，所有的努力都失败了。后来决定取消走街串巷叫卖的牌照，尽量把小贩们安排到3英尺宽、4英尺长的指定摊档里。这时，舞弊行为反而更多了。在指定街道内设立的新摊档优先派给那些已经在经营固定摊位的小贩。这对那些根据条例的要求沿街叫卖的小贩是完全不公平的。因此，那些违犯法律经营固定摊位的人是得到了特殊待遇，而所有的人都心知肚明，这些人原先是行过贿才得以违法经营的。有一次，我问过市政总署——该署负责为小贩发放牌照和对之进行管理——的一位官员，为什么他们似乎总是屈从于三合会分子。他为人很诚实，也是英国人。对我的问题，他是这样回答的："让三合会来控制会使我们的事情好办一些。"此话清楚地表明，当时存在着两层管理：一个是殖民法律，一个是地下世界的大佬。

不仅在分配指定地区内新注册的摊位方面对那些违法的固定摊主给予了优先照顾，他们还得到了进一步的好处，当然是私下得到的。标准摊位是3英尺宽、4英尺长，但有人却能得到八个这样的摊位，俨然开起了商店。有一个区内，有人把好几个摊位合在一起，居然开起了一爿家私店！即便你去反映也没有用，因为谁也不会理睬你，不会采取任何行动阻止他们。

20世纪70年代初，正值经济衰退，富有同情心的麦理浩总督决定把九龙旺角区的几条街道划为小贩摆卖区，以缓解失业问题。然而，没等市政总署踏足划出的那些街道，三合会分子已经捷足先登，把一块块地段做好标记，卖给出价最高的人。当失业的人为得到一个摊位而排队时，他们受到三合会分子的驱赶。没过多久，划出的街道全部被三合会控制的小贩占据了。他们堵住入口，造成了火灾隐患，因为消防车根本进不去。有人把控制其中一条街道的那个三合会大佬的姓名和住址告诉了我，我向有关部门报告了，但正如我可以预料的那样，一点用也没有。负责官员对我说，他实在无能为力，因为三合会操控了一切。不过，我就不相信这个人自己没有同三合会分子达成某种协议。

随着香港的发展和生活条件的改善，也随着小贩的子女在20世纪70年代和80年代有了受教育的机会，干小贩营生的人数逐渐减少了。兴建了一些新的购物商场来吸引买东西的人。但是，遗憾的是，这些购物商场价格过于昂贵，普通工人承受不起。我个人认为，香港极力把小贩们从街道上清除出去，而不是对他们进行有效的管理，把摊点变成旅游景点兼供低收入劳动人民采购的市场，这是坐失了一个吸引游客的机会。在新加坡，小贩对购物者很具吸引力，但政府要求做到整洁有序。我曾一再建议仿效新加坡的榜样。不能允许自由竞争变成无政府状态，但香港在这方面是失败的。例如，我就很喜欢在中环的利源东街和利源西街的小摊上购物，那里的摊档设置得井然有序，大多数小贩都是有牌照的，那里的货品也相当便宜。赤柱市场对本地人和游客也都很有吸引力。如果像有些人建议的那样，把它变成一个购物商场，我怀疑是否还会有什么人愿意到那里去，尤其是去购物，因为类似的商场在全城各处都能找到。我不喜欢购物商场，那些大商场看起来千篇一律，服务也不及友好的小贩那么好，而且价格高得多，因为那里的租金高，还得雇用营业员。原来我很喜欢到太子大厦购物，那里价位适中，服务也有点个性化。如今它已经变成了专卖高档货的购物中心，我感到某种冷漠，所以根本不想再到那里购物了。如果我们不能提供显示中国香港的特点的吸引力，而是一味兴建世界任何大城市都有的那种大型购物商场，游客们何须到这里来看那些他们在自己的城市中也能看到的东西呢？当然，我知道人们正在努力提供具有吸引力的东西，但他们动手太晚了，现在是开始考虑一些使香港与世界其他大城市不同的新创意的时候了。

例如，我们可以提供熟食设施，不是以前那种老式的煤油炉和危险的摊档，而是设备良好的清洁的摊档，提供中国人爱吃、游客喜欢品尝的不同种类的食品。但我写本书的目的不是为吸引游客提出建议，我只是对那种由于不为用户着想而败坏了香港的名声的做法表示我自己的失望而已。那些庞然大物的楼宇、那些使人难以挑选的各种类似的货品，以及那些用流行音乐作为招徕的店铺内播放的令我心烦意乱的嘈杂音乐，常常使我感到迷惘。或许这不过是渐入老境的标志？

第5章

长期存在的住屋问题

1945年第二次世界大战结束时，中国的纷争还在继续。国共两军之间的内战又持续了四年。许多躲避日本对香港的占领的人以及许多到内地去支持同胞抗击日本侵略的人返回了香港。不仅如此，还有数以万计的人为逃避内战而来到香港。结果，香港的人口增长了一倍，而且还在以每月大约10万人的速度增加。

有钱的人租房居住，但绝大多数人只好在寮屋中栖身，以至于这类寮屋布满了山坡，靠近城区的地方尤其如此。这些山坡几乎全都由一名霸王——即三合会头目——控制着。他们自称有权向难民或返回香港的人出售或出租寮屋。事实上，这里的所有土地都被称为"官地"。任何想建房子的人都得租用土地若干年，通常都是99年，到时候还要把土地归还英国殖民政府。有些人可以短期租用土地，但是，政府如果想把那土地派上公共用途，便会突然取消这种临时性的使用权。这里的土地一直是极其昂贵的，是政府的一个主要的收入来源。人们常说，香港是寸土寸金。然而，任何法律似乎都不适用于三合会匪帮。他们想占哪块地就占哪块地，而且可以随便卖给人，或者在那土地上建寮屋租给居住在简陋邋遢的非法小房子里面的那些不那么幸运的人。

我已故的丈夫杜学魁于1950年由内蒙古来到香港时的遭遇就是说明这种情况的一个很好的例子。当时他既没有多少钱又没有工作，就在一个寮屋村租了在一座两层木屋的顶上新搭建的一个阁楼，每月租金几块钱。阁楼的面积相当于一张单人床，高度为3英尺，因此他在自己的"家中"是站不直的。地板的缝隙很宽，他可以看见下面一层的景象，而且到了冬天直往屋里灌凉风。为了使自己看不到下面同时也为了遮住来自下面的光亮，他买了一些报纸铺在地板上。

当时肺结核是香港的常见病，因患此病死去的人很多。我和其他一些传教士所住的那套公寓位于寮屋区。我发现，附近的一些寮屋内摆满了双层床，一大家子人就挤在一张床上，有的人甚至睡在下层床底下的地上。因此，大多数孩子都患有营养不良，许多孩子头上长了疥疮，身上满是蚊虫叮咬的疤痕。我们住的那套小房子有一个大约100平方英尺的客厅和两个小卧室，甚至还有一个微型厨房。在炎热的夏季，我们也感到很难熬，但是与我们的近邻比起来，我们的家可算豪宅了。每月的房租是100港元，我们很难承受。记得有一次我在以尽可能节省的伙食费用计算每人的生活开支时发现，每天的开支约需6港元，而寮屋居民每天只能挣两港元左右。

我们在1951年到达香港时，我发现几乎所有楼房最高都只有五层。地处中环的旧的汇丰银行看来大概有七层楼高，那是全香港的最高建筑了。我相信，所有楼宇都是战前修建的，有一些已经相当残破了。那些旧的私人楼房里的房间都很大、很高，大多数都有遮挡太阳的阳台，这些阳台也可为下面街道上的行人提供荫凉。事实上，我很喜欢那些旧的建筑，因为它们能挡住酷热、狂风暴雨以及每年夏天都会出现的台风。

然而，香港的人口在迅速增加，政府很快便开始鼓励屋主们拆毁旧屋，改建较高的楼房。这样一来，以长期租约重新开发土地，修建更高的楼房从而提高租金和收入，就会给土地承租人带来好处。政府也会从向承租人收取的允许重新建房的新的土地租金中受益。

我们到香港大约两年之后，在圣诞节期间，一场史无前例的大火摧毁了石硖尾很大一片寮屋区。那场灾难导致房屋署的成立。成立这个机构的目的是为火灾和其他自然灾害的受害者修建一些简陋的房屋。这些房屋也确实简陋。它们常常被喻为兔子窝，实际上它们也的确比兔子窝强不了多少。房间的平均面积为120平方英尺，要住一个五口之家，而租金是每个月14港元。人口较少的家庭分给86平方英尺的房间，租金为每月10港元。小孩子只算半个人，平均每个孩子只能分到12平方英尺，其实小孩子比大人需要的空间更大，因为他们需要走动和玩耍。一套房子只有一间方形或长方形的房间，四周是水泥墙，没有任何装饰，也没有厨房和冲凉房。人们通常只能在每座楼四周狭窄的走廊上做饭，尽管这本来是违法的。公共厕所和冲凉房设在每栋楼的中间位置，与洗衣房并排。由于冲凉房没有像样的门，冲凉使妇女视为畏途。由于"瞥伯"（粤语，即偷窥者——编者注）无处不在，她们通常得找人陪伴才行。所谓厕所，只是一条贯穿整排蹲坑的窄窄的沟渠，每隔一段时间会放水冲厕。有一次，我妹妹到香港来，我不得不带她去上那样的厕所，因为我的办事处设在一个徙置区内。我只好陪伴并协助她去解手。她看到人们蹲在其上的那个沟渠，真的吓坏了，但她更害怕的是那权作厕门的窄窄的挡板不能保护里面的人不被走过的人看见，而且也关不严、锁不牢。她开玩笑说，回国后她一定要写一本有关"香港厕所"的书。

然而，对那些以前居住在条件更加简陋的寮屋的人来说，第一座（这是这些新建房屋的名称）显得就像是豪宅了，大家都巴望着能分得一套。

住上这种房子的很大的好处是租金便宜，而且可以免除火灾和水患之忧。不仅如此，这些房屋的居民被告知，现在的住所是暂时的，10年后会提供更好的住屋。这个目标始终没有完全兑现。直到今天，到了2001年，人们仍然可以找到几幢尚未清拆的第一座的房子。不断增加的人口使任何有关住屋的承诺都无法完全兑现，至于那项要在20年后实行房地产市场化并根据"居者有其屋计划"（我一直反对这项政策）出售更好的居所的决定则使所有诺言都无法兑现，相反却使迫切需要价格可承受的住屋的低收入家庭的名单越来越长。2001年做出的冻结"居者有其屋计划"的决定在我看来是一个值得欢迎的消息，因为我一向坚信一个政府必须首先向其大多数贫苦民众提供可接受的居所，然后再去满足较富裕的人的需要。

然而，每个良好的意图都是有瑕疵的。像所有其他看起来很妥当的政策一样，这种重新安排住房的计划很快就为严重的贪污行为提供了渠道。不过，这个问题我会在另一章内详述。而且，这个住屋政策本来也不像殖民主义宣传员向世人宣扬的那样纯粹是出于利他的动机。我后来才认识到，制定这个政策不像他们所声称的那样是为了重新安置无家可归的人，而主要是为了在为遭受火灾的人提供新的居所之外，从寮屋居民手中把土地收回来用于开发公共工程。我将在下一章中讲述这些瑕疵。

政府在开始实施重新安置政策之后不久，又推出这样一项新政策：凡在1954年以后修建的新寮屋，见到就拆，而且不为其租户提供任何居所。

在下一章中，我将详述政府这些新的房屋政策——重新安置火灾灾民的政策、鼓励屋主清拆战前房舍并兴建新的高层楼宇的政策，以及对1954年后修建的寮屋见到就拆的政策——如何给那些没有享受到公屋计划的好处的境遇最惨的民众增加了苦难，以及如何给官员贪污和三合会欺凌与"压榨"民众带来了更多的机会。然而，不可否认的一点是，对火灾灾民和那些受到政府重新开发计划影响的民众的重新安置在很大程度上促进了香港经济的发展。那些曾受惠于这个房屋计划的幸运儿中有许多人现已跻身香港比较富裕的阶层。

我坚信，如果重新实施向低收入和失业家庭提供低租金居屋的政策，那将大大有助于20世纪90年代后期因亚洲经济危机而变得不景气的经济恢复活力。

第6章

房屋政策刺激了贪污受贿

上一章末尾，我提到成为贪污受贿的根源的三项政策：提供公屋的政策，政府鼓励对战前的私有房屋进行重新开发的政策，以及对1954年以后新建的寮屋见到就拆的政策。

那个时期的公屋是非常便宜的。这种房屋不易发生火灾也不会受到台风和水患的影响，而且初期是建在靠近市区的地方，很方便。那时，就连观塘也被视为偏远地区。但是，到了市内的居民区再也拿不出更多的空间来兴建公屋的时候，人们仍反对到观塘、荃湾和柴湾去，反对的主要理由是那些地区交通不便——这就是另一回事了。

尽管那些居住在邋遢的小木屋内的人都很向往搬进公屋，但最需要居所的人却得不到公屋。公屋本来只是为火灾或天灾的受害者修建的，但后来却越来越多地被政府用来安置当局要征用的那些地区的寮屋居民了。当局征用这些地方是为了修建道路和基础设施等开发的目的，有时则是为了卖给私人去开发。修建公屋不像政府一再宣传的那样纯粹是为了安置无家可归的民众。一开始，我也相信了政府的宣传，但后来我猛然醒悟到这样一个事实：那些没有居所的人根本没有资格申请公屋。结果，寮屋区内便经常发生火灾。出现这种现象有三个可能的原因。一种看法是，寮屋居民为了获得公屋而自己纵火。另一种看法是，控制寮屋区的三合会纵火烧掉这些寮屋，以便把寮屋居住权再卖给新的寮屋居民，赚更多的钱。第三种看法是，政府使这些寮屋起火，这样就更容易收回土地，马上进行开发。

我个人确信，这三种看法在某个时期、在某种程度上都是正确的。我可以肯定，靠近我住的那个村子的寮屋区就是政府代理人放的火，因为邻居们告诉我，他们看见这些代理人在该区的好几个地点点火。有一次，我陪同工务局的几位官员在该区考察另一个问题。这批官员中层级最高的那一位（我不想说出他的姓名，因为他的家人现在还住在香港）对我说："我希望这块地皮烧个精光，这样我们就可以开始重新开发了。"我当时不得不提醒他说，如果发生这样的事，有些寮屋里的人会被烧死。

火灾的发生是如此频繁，以至最终只好推出一项新政策，即不再向市区安置区内的火灾灾民提供房屋了，而只在新界的偏远地带为他们安排临时住所（较安全的木屋）。于是，发生火灾的次数立即大大减少了，因为寮屋居民不愿住到离他们工作场所和学校那么远的地方去。但是，这至少证明了这样一点：一些寮屋火灾是为了获得公屋而故意引起的。这件事还表明人们的期望其实很低，无非是一个安全的、距他们的工作的地方较近的栖身之所而已。

为寮屋居民另建居所以便于政府的重新开发，这成了官员贪污和三合会操控的一个重要根源。从理论上说，在对所有寮屋的居民进行登记之前，并没有对政府要清拆的寮屋居民发出预先通知，以防止寮屋居民在即将清拆的时候把亲属和朋友弄进来，以欺骗手段获得安置权。

然而，在清拆前夕，这种被政府称为"冒名者"的人总是大批涌来。我听说有一些同当官的保持联络的屋主，就在该区即将清拆用于重新开发之际前去登记。另一方面，也有一些寮屋居民由于没给当官的打秋风而得不到公屋居住权的真实个案。

但是，清拆中最大的舞弊行为是对寮屋店主的政策。任何经营48平方英尺或更大面积的店铺的店主在清拆中都会得到在公共屋村内的一爿小店铺作为补偿。这方面的政策成了许多贪官的一种有利可图的买卖。我当时是住在寮屋区的，我总是能猜到何时会进行清拆，因为小店铺会突然出现在寮屋居民中间，而他们的主人无一例外地会在重新安置的屋村内得到店铺。他们无疑是从当官的那里听到了关于清拆的风声，有些当官的同三合会有着密切的关系。同时，我接到了真正的小店主们的大量投诉，说他们的权利被剥夺了，理由是他们的店铺的面积不够48平方英尺。我经常带着尺子到向我投诉的店铺去，亲自看一看店主的权利是不是被人用欺骗手法剥夺了。我发现，情况往往如此。我通常会奋力抗争，直至他的权利被恢复。有一个个案我永远忘不了。有一位姓马的先生，全家都依靠他的那片小铺维生。当他被剥夺了到新地点经营小铺的权利时，他的妻子威胁要从房屋署的屋顶跳下去，以抗议这种不公。我设法打赢了这场官司，而他直到将近40年后的今天仍然常来看望我并称我为"（粤语，意为干妈——编者注）"。如今他的孩子都已长大成人，他的年纪也相当大了，但他仍然经营着一片店铺，他的生活水平则大大改善。在我1995年最后一次出席竞选活动那一天，他特地从沙田赶来支持我。当我的对手称他为"毛派"并指责我得到共产党支持时，他十分愤怒。其实，我的工作从未涉及党派政治，只涉及人民的权益。可是我的对手却把他的整个竞选活动建立在政治基础上，因为他从来没有像我那样为帮助他人而工作过。

最后，无疑是由于存在各种舞弊行为，向寮屋店主提供屋村店铺的政策被取消了，代之以用金钱来补偿。

正如我上文中已提到的，贪污受贿的另一个途径是政府鼓励战前老房子的业主拆掉那些房子，另建新的多层住宅的政策。这样做会使业主和政府共同受益。前者可收取更高的租金，后者可索取更高的地价。受损失的只有租户，因为老房子租金便宜。为了使业主不致拖延重新开发，政府冻结了房租。对业主来说，这件事有一个难办之处，那就是，他们得先把租户赶出去才能重建，而那些低收入租户找不到价格低廉的住处便拒绝搬走。业主可以用法律的手段把租户赶出去，但透过法律系统来处理要花很长时间。然而，贪污受贿可以为他们解决这个难题。业主们发现，只要把他们的房屋宣布为危楼，马上就可以让租户搬走，借口是，这是人命关天的事。

这些房屋中有一些再用几十年也没事，但业主很容易说服那些厚颜无耻的官员宣布这些房屋眼下就有危险，迫使租户立即搬走。有些租户对我说，他们亲眼看见业主带来工人，破坏楼房的支柱，为的是证明那些楼是危楼。一时间，香港到处都是危楼，在这个过程中许多人捞足了油水。

我清楚地记得土瓜湾发生的一件事。那里的一座楼里的租户被责令搬出他们所住的"危楼"。可租户们根本无处可去，于是他们打算自己用纸板和铁皮盖一个简陋的小村子。就这样，一夜之间，一个寮屋区就出现在今天的九龙粤戏院所在的地方。但到这时，1954年的拆掉新建的寮屋的新政策已经付诸实施了。寮屋管制小组（Squatter Control Unit）立即开赴该区，拆掉了所有小屋，连一位妇女刚刚生完小孩正在那里卧床休息的那一间也不放过。那妇人只好在街坊的帮助下离开，因为清拆工人说，他们是在执行政策，而政策中没有提到病人的事。

事实上，"政策"不过是从事许多不公正勾当的借口而已，它是大量贪污受贿行为的根源。我在以革新会候选人身份报名参加市政局竞选后不久就看到了1954年的见到新建的寮屋就拆的政策的影响。

那是1963年2月里非常寒冷的一天，是有记录以来最冷的日子。那天，一批穷人向我求助，因为政府在那天早上拆掉了在佐敦谷的一个光秃秃的山坡上的数十间寮屋，其原因无他，因为这是"政策"。常常会有这样的情况：寮屋居民的小屋由于这个原因被拆了，寮屋居民们设法捡回小屋的碎片，再拼凑起来，虽然无论高度还是面积都不及以前的小屋。但这一次，寮屋管制组把柱子砍断，使之再也立不起来。有人对我说，街坊们救起了一位因全家人变得无家可归、一筹莫展而要自尽的妇女。

我像往常一样，到现场去亲自查看民众的苦境，这样我便可以准确地讲出实际情况。那情景真是惨透了。直到今天，我的脑海中还浮现着一对老夫妻在寒风中坐在床上的情景。好心的街坊挂起一块铁板，设法保护他们。我看到幼小的孩子蜷缩在鸡窝里，那是他们的妈妈为他们挑选的御寒之地，因为冬季的寒风正顺着山谷无情地袭来。

在这样寒冷的日子里，竟不给人们提供任何御寒的手段，我对这项政策的不人道感到震惊。于是，我火速赶到海港对面的社会福利署，问他们能为佐敦谷那数十名无家可归的人做些什么。我被告知，署长（他照例是位外籍人士）不在，但我可以见助理署长，那是一位中国人，名字我忘了。我想，中国人也许会比英国殖民官员多一点同情心吧。但我错了。这位助理署长把殖民语言学到了家，事实上，要不是他讲起话来同他的主子一样，他大概也爬不到这么高的职位了。我描述了人们的苦境，问他能给予什么帮助。他说，一点办法也没有，因为"这些人应当去为他们的家人租一套房子。我就为我的家人租了一套房子"。他没提到的是，他每月挣好几千块钱，当然租得起房子，而山坡上的那些人连在唐楼①里租一小块地

---

① 香港的一种旧式建筑风格，出现于19世纪中后期。香港政府未大量兴建公共房屋之前，除寮屋居民外，几乎所有香港人都居住在这种旧式的唐楼中。——编者注

方的钱都挣不到。他的态度激怒了我。我说："如果上帝允许人们生在世上，那他的意思就是，他们应当生活在其出生的土地上。难道你指望他们游在海里或者飘浮在空气中吗？"他的回答是："你现在是在谈政治了。"其实，我根本没想到政治。我只是试图为无家可归的人争得一个栖身之所罢了。

我看得出，不论后果如何，这个人是铁了心要执行"政策"的，于是我离开了他的办公室，回到九龙去见房屋署长，问他能否为那些无家可归的人提供某种栖身之处。他是一名外籍人士，我打算以个人身份同他谈谈这个问题。当我来到房屋署的时候，人家告诉我说署长不在办公室，我说我要等他。但是，就在我等候的时候，我看到候见室里有一张告示，说民众有权见署长。而且，我从门缝里看到署长其实就在办公室里。于是，我指着那张告示要求行使我的权利。也许这只是我的想象，但这个人给我的第一眼的印象是冷漠的，是不会为任何乞求所动的。实际上他真是这样一个人。他解释说，公屋不是为无家可归的人建的，而是为安置那些从政府希望重新开发的土地上迁出的寮屋居民修建的。可是，他们在向全世界宣传香港为穷人制订的妙不可言的房屋计划时可不是这样说的。不过，至少我不再抱有公屋为无家可归者而建的幻想了。而且，我知道我在市政局中的第一项任务将是为改变那项政策而斗争，使人们不再因1954年的那项政策而流离失所。

那天我含着眼泪离开了署长办公室，去把这个不幸的消息告诉那些人。但我没有放弃我的努力。对人的这样一种态度向来被我视为挑战。那些无家可归的人也没有放弃努力，他们向报界诉说了他们的处境。最后，政府做了让步，同意这些无家可归者在附近一个称为"第七坟场"的山顶上建房。中国人很忌讳住在埋葬死人的地方，而且，他们在这里很快就挖出了死人骨殖。不过，他们太需要一个栖身之所了，因此也就同意搬到山顶去。可是他们的难题并没有因此而解决，因为他们很快就发现，那里没有水。那个时代的官员居然以为人们可以在没有供水的情况下生活，这着实令人难以理解。于是我再度去找房屋署，问他们有什么办法解决供水问题。那些当官的向我保证，可以用水泵往山上泵水。这样做看起来是相当公平的，然而，后来我才发现，他们并没有合适的水泵，需要从澳大利亚进口，而进口水泵大约需要6个月的时间。一切努力都白费了。于是，我只好又一次去找房屋署，要求以某种方式保证供水，否则那些人只能拒绝从寒冷的山谷搬走。最后，政府答应每天用送水车为那些人供水，但他们得自己走到山底下，再挑着沉重的水桶担水上山。而这已是我们从当时漠视民众疾苦的殖民政府那里所能争取到的最好结果了。

当夏季到来、香港大学的学生们考完试的时候，一大批港大学生自愿来为寮屋居民们修筑台阶，如果我能提供材料的话。我欣然应允。看到这些热心的年轻人冒着酷暑和风雨，在感激不尽的寮屋居民的帮助下连日工作，真让人心里暖乎乎的。最后他们完成了任务，人们可以沿着台阶担水上山了。不过，寮屋居民的孩子们却深受蚊虫叮咬以及由于没有足够的水洗澡而感染皮疹之苦。

当维港对面的港岛上出现类似的情况时，又是允许寮屋居民在一个山顶上修建寮屋，又是没有水。这一次，房屋署长邀我陪他走一趟，让我看看他为寮屋居民做了多少事。那时我比现在年轻很多，但我还是得抓着树枝和所能找到的其他东西才能爬上去，因为那里根本没有人走的路。许多寮屋居民都上了年纪，他们很难甚至根本无法担水上山。我们到达山顶后，我向署长提到，人们很难把水担到山顶。他回答说："可是你看他们能看到维港的美景呢！"的确，他们能看到美景，但在辛苦工作一天之后还得担着沉重的水桶爬山的低收入工人是不大可能去欣赏美景的。我把这话对署长说了。

这就是1954年见到新建的寮屋就拆的政策的结果，这显然是不可接受的。我于1963年当选市政局议员后的第一件工作就是要求重新审议这项政策。使我感到高兴的是，这项政策很快就修订了。后来政府开始修建一些临时房屋，即一些用铁皮造的小屋。当官员们说"必要时"他们会提供水的时候，他们总算明白了在人们居住的地方总是需要水的。

临时房屋的一个缺点是它们建在偏远地区，主要在新界，这就给那些到远处去上班和上学的人增加了经济负担。结果，有些人仍在市区建造非法寮屋，而这种现象之所以能存在，又是贪污受贿在起作用。使那些当官的对他们的辖区内发生的事情视而不见并不困难，"金钱万能"的说法尽人皆知，连年幼的孩子也不例外。有些三合会分子在现有的寮屋之上加盖小屋，如果租户反对，他们就施以威胁，甚至迫使他们搬走。我觉得，不论你能说服政府实行什么好政策，贪污受贿总是能使它们归于无效。正因为如此，当有人问起我所做过的最重要的事情是什么的时候，我的回答总是"与贪污受贿做斗争"，贪污受贿是良好政策和法律的大敌。

第7章

为注册学校所经历的考验和磨难

在廉政公署成立之前的年月里，要注册一所学校，那是一件令人心灰意冷、有时是令人啼笑皆非的事情。当然，我从未试图去注册我们在一顶帐篷里建立的学校，但是，我打算尽快想办法得到可以注册的校舍。作为一位职业教师和一名守法人士，我一直努力按章办事，这也是为我们照管下的学生们的安全和福利着想。我的处事规则中是不包括行贿这一条的。不幸的是，一开始，我没有预料到我的意图良好的努力会遇到那么多的困难。我所致力的是至少使几个根本没有希望上学的孩子受到教育。那时候是绝无条件为广大民众服务的。

那个时期，政府部门还相对较小，有问题就要到总部去，因为那时很少有地方分支机构。所以，我总是带着我的问题去找教育署长，他的办公室设在港岛炮台里如今终审法院所在的那栋大楼内。通常我被允许去见署长本人，有时则见他的副手。但不管我见他们中的哪一位，我通常都是伤心失望地离开。不知道有多少次我站在楼内楼梯的窗口旁拭去泪水，打起精神去面对等在楼外的民众。现在让我举几个我所经历的失望的例子。

那是20世纪60年代初，在我已经为寮屋居民的孩子开办了一所学校之后。我去找署长，看看他能否帮助我把这个计划的范围扩大，使那些贫苦人也受到教育。署长回答说："你认为我们在他们的住屋问题方面难题还不够多吗？你还指望我们使他们受教育？"我回答说："正是这样。所有儿童都有受教育的权利。"但署长坚决不答应。我意识到问题的难度，但不能原谅那种毫不关心、毫无行动的态度。

还有一次，我忘记具体是为什么事情去见他的了。但我记得，在与署长谈话过程中，我对他谈及一个读小学三年级的九岁男孩不得不辍学去做工帮助养家的事。署长根本不为所动，回答说："这对他有好处。"我气极了，就顶了他一句："如果他是你的儿子，你就不会这样说了。"事实上，外籍人士（当时政府各署署长都是英国人）的孩子享有很高的特权。他们在英国读寄宿学校，费用由政府出，而且每年可以数次免费回香港。公务员本身也享有很高的特权，每两年半有六个月休假。这是沿袭一个世纪以前的旧例，那时只能乘船回英国，路上至少需要六周的时间。后来有了空中交通，他们仍然保留每三年休假六个月的特权。直到不太久以前，他们还保留着在退休时乘豪华邮轮回英国的权利。有些人实际上乘飞机返回英国，等待下一班邮轮，那时再返回香港，以便再享受一次海上之旅。无怪乎那些署长对他们统治下的人们极少表示关心，他们完全沉湎于一种极度奢侈的生活方式了。

即便是在麦理浩总督的关心下最终实行了免费小学教育之后，当时的学校也只是半日制，而且就是在今天，大多数小学仍然只实行半日制。我们许多人都相信，学校实行半日制是促使三合会活动加剧的一个因素，因为大多数家庭都需要父母两人都去上班，幼小的孩子放学后往往就放任自流了。

是的，我的确希望能为这些孩子做些努力。他们中有许多人都出生在这里，他们的家庭在香港住了10年或更长时间。我还指望教育署长关心一下童工问题。一位赞同我的想法的助理教育署长对我说，高级外籍公务员通常都是以士官生的身份加入政府的。他指着自己的耳朵说，"不论这里有什么"，他们总归是要升到最高层级的。署长们对于本部门主管的问题一无所知，他们不过是一些要边工作边学习的行政官或者——这种情况还很不少——依靠他们的中国下属去为他们工作。

在我为贫苦儿童争取受教育权利的另一次令人沮丧的努力中，有人表示可以向我提供一座"尼森式活动房"（就是军队用作士兵宿舍的那种大型瓦楞铁屋子）。我想我们可以在这样一座房子里办起一所相当好的学校，因为它能抵御台风，而我们的帐篷却不能。于是，我又一次去见教育署长，问问我可否使用一座"尼森式活动房"。他相当吃惊。"用这种活动房当学校？"他问道，"那会对儿童的健康不利。不行，绝不能允许这样做。"我向他解释，我所想到的是那些寮屋居民的孩子，他们所生活的寮屋里拥挤不堪，一家人只有一张双层床，点的是常常会引起火灾的危险的煤油灯。

"毫无疑问，"我争辩说，"这些孩子要是能坐在空气流通的'尼森式活动房'内学习点东西，那比让他们坐在双层床上什么也不做要强。"他坚决不同意。这样，我再一次站在窗口前拭去眼泪，然后才能面对在炮台里那座大楼外等候的公众。显而易见，署长认为，生活在逼遐拥挤的环境中无事可做要好过在条件优越得可以供英军做宿舍用的地点读书。

当启德学校被迫关闭用来重新开发、我们在衙前围道租下房子后，我很快发现，要注册一座设在私人楼宇中的学校是多么困难。条例中的每一细微之处都必须照办，除非你知道该怎样打点检查员，使他闭上眼睛。但我不想采取这种办法。我研究了全部条文，努力达到在九龙城办学的所有要求，但我担心的是窗户的光线来自右方。我知道，教育署要求在学校中，光线应当从学生的左方透过窗户照进来，因为大多数人都用右手写字，在书写时不应当有手的影子。为了解决这个难题，我让人装上了日光灯，这是条例允许的。检查员走进楼里时，我屏住气，等着他告诉我光线进来的方向不对，因为我无法把窗户改到楼的另一侧去。但这位检查员看来分不清左右。当他面对学生时，光线从他的左边照过来，但对他对面的学生而言，光线却是从右边照过来的。"好，"他说，"光线是从左方来的。"我觉得最好不要告诉他说他错了，这对他是一种侮辱。但不管怎么说，这一关总算过去了。然而，有一间教室很宽，但不太长。我们希望招满40名学生，因为我们的收费很低，如果学生不足额，预算会吃紧。他对我说，那间教室不能坐40人，只能坐28个人，因为坐在边上的学生会看不清黑板。我认为不会，可他的话就是法律，我只好接受，不过我提出了抗议。我提到附近的另一所学校，那里有一个同样大小的教室，分隔成两间，每间容纳了大约60名学生。"哦，"他说，"但是那所学校没有牌照，也没申请注册。"你看，一位政府官员竟然允许一所学校非法营运，毫不关心学生的安全或健康。于是，我得出结论：诚实是没有好处的。不过，为了安全起见，我宁愿遵守规则，因此我不得不更加卖力地赚钱来支付学校的费用。为此，我在浸会学院兼职教书，把我薪水的80%以上都贡献出来，此外还在夜校教课，以支撑这所学校。既然政府不肯提供帮助，我就只好自己干。最后，这种努力得到了报偿，因为我们终于能建立一所真正的学校而不再依靠业主和腐败的官员了。

那时，一个众所周知的现象是，官员们从来不做详细及时的记录，其目的据认为是为他们的后任制定更多的条例来"榨取"钱财留下余地。显然正是因为如此，当我决定在衙前围道开办一所夜校时，到学校来视察的检查员抱怨说光线不是从左边来。我指出，我所开办的是一所夜校，不论窗户在哪一边，反正不会有日光照进来。但"本子"上说光线要从左边来，所以他们不能为我的夜校注册。这时我对他们说，这所学校已经作为日间学校注册过了，而且，我们的日光灯的亮度被认为已经足够。他们感到很讶异，说要回去查一查。后来他们打来电话说，他们找不到我们已经作为学校注册的记录，要我送一份许可证的副本给他们。我立即照办了。由于无案可查而需要我把官方信函的副本送给他们，我觉得这实在好笑。此后再没发生进一步的争执，学校就正式注册了。一路走来，每一步都要斗争，可我实在斗不起，因为我太忙了，为了使这个项目进行下去，我要白天黑夜地教书。

衙前围道那所学校的楼下是一排店铺。我向消防检查员提到，一旦学校注册，我希望不要允许下面的店铺出售可燃货品。检查员向我保证，说他们决不允许出售这类货品的店铺在学校楼下经营。几个月后，我发现有家店铺在卖煤油。有一天，消防处的检查员来对我说，我们必须把学校搬走，因为有发生火警的危险。我感到很讶异，就对他说，我们得到过不给学校楼下的任何店铺发放出售可燃货品的牌照的保证。但那官员根本不理睬，对我说学校一定得搬走。绝望之下，我叫来了我们的商务经理、学校创办人之一戴先生，让他证实消防处的确做过这样的许诺。戴先生眼尖，他看了那位检查员一眼，说道："是的，其实您就是做过这一许诺的检查员。"那位检查员被弄得很尴尬，不好意思地说："那好吧，我一定阻止那家店铺获得牌照。"他没有再来找我们的麻烦，但我们注意到，那家店铺还在继续出售煤油。

另一位在深水埗办学的人士也遇到了类似的情况，但他就没有我们那么幸运。由于他是中国人，他要是孤军奋战同贪污受贿现象斗争就一定会给自己招来麻烦，所以他来向我求援。当一家店铺开始出售爆竹，给正在其楼上的学校造成严重危险时，他那所学校已经办了很多年了。尽管他在那里办学已经多年，消防处的检查员却站在店主一边（人们只能推测检查员们拿到了好处）。尽管我代表那位办学的人士向消防处力陈理由，那所学校最终还是被迫关闭了。毫无疑问，身为英国人，才有可能向政府要求公正。这个政府标榜法治，却只用在英国人或享有特权的中国人身上。因此，腐败的官僚痛恨我，因为我不向他们的恶行屈服。他们还害怕我把这里的情况告诉英国人。事实上，我的确到英国去向议员们反映过这里的情况，但他们不相信我，而有些相信我的人只是后座议员，除了在议会中提出质询以外别无办法。结果未能采取任何行动。一位议员对我说，凡有议员访问香港，他们均被告知不要听我反映情况，因为我的话都是胡说八道。一位保守党议员曾当众对我无礼。他会见了市政局议员，包括我在内，并逐个询问有什么要说的。轮到我时，他说："我不想听你说。下一位。"其他议员惊呆了，不知他为什么对我这般无礼。但他显然已被彻底洗了脑。另一位议员，即当时的自由党领袖奈杰尔·费希尔（Nigel Fisher），虽然允许我讲话，但我讲完后，他用拳头擂着桌子说："我绝不相信任何一位英国派来的公务员会贪污。"当廉政公署证明了他大错而特错的时候，我真想听听他做何反应。

所幸我们在20世纪70年代初期有了一位不一样的港督，一位外交官，他不像他的那些前任那样对贪污现象视而不见。1978年，他亲自提名授给我CBE（英帝国勋级司令勋章）。当他为我颁奖时，他悄悄对我说："以此表彰你的巨大勇气和成就。"他的这一做法受到某些人的批评。然而，如果没有麦理浩港督，贪污现象一定还会继续，因为作为执法机构的警察本身就是腐败的，这就不可能对那些破坏社区的严重罪行采取法律行动。在出色服务10年之后行将离开香港时，麦理浩港督和麦理浩夫人对我说："继续好好干。继续仗义执言。"但到那时，就贪污而言，最糟糕的时期已经过去了。

1965年，我们在太子道为我们的学校租下了另一处房舍。当时，贪污受贿之风正炽。到这时，我对各种条例已经熟记在心，并竭力在检查员到来之前全部达到要求。使我烦恼的一件事是，"本子"上说，学校的门必须向外开，以方便在发生火警时逃生。我们租的校舍是一处双套房子，楼梯是够多的，安全没有问题，但所有的门都是向里开的。我当然不想让我们的学生在发生火警时被困在房子里，但若把门变成向外开的，那恰恰会使学生在发生火警时被困在屋内。那会使楼梯被阻塞，这样学生们就无法沿着楼梯上下了。于是，我决定用这样的办法解决这个问题：在屋里用钩子把所有的门都钩住，这样就绝对没有遇到火警时妨碍逃生的危险了。然后，我怀着忐忑不安的心情等待检查员的到来。检查员一来了就说，我们不能注册学校，因为门不合乎规定，按规定门应当向外开。我一再解释，说把门向外开不仅不能解决火警的危险，反倒会造成火警的危险，还说，在上课时间我一定不关门。但任我怎么说，都没有用。"本子"上说要"向外"，任何争辩都不能接受。我气极之下给消防处长本人打了电话，相当直率地说："你能否派一名用头脑思考的人来考察学校的火警安全问题？"我没想到处长本人来了。当我指出向外开门会造成楼梯阻塞的危险，以及我已经用钩子把所有的门都从里面钩住，而且在上课时门会保持全天打开时，他立即回答："当然，这是解决这个问题的唯一办法啦。"就这样，这个障碍被除掉了。

所有这些规章制度的令人恼火之处在于，它们只适用于私立学校而不适用于政府建的学校。他们的理由是，政府总是按规定修建学校的。但是，为生活在公共屋村的穷人建的学校就不是这样。透过当时的香港主教何明华的斡旋，我们在重新安置屋村内有了一所设在一层的小学，后来又在同一幢楼的顶层办了一个幼儿园。何明华会督是一位非常同情穷人的人，以至于在政府圈子内有人送给他一个"红色主教"的绰号。我听说有人反对他让我们来管理那所学校，但他不是一个害怕批评的人。这些学校是由政府建的，理应符合规定。有一次，在注册我们的另一所设在一家私人房舍内的学校时，检查员对我说，我们的学校必须再多设一个洗手间然后才能注册。而那里绝对没有地方再建洗手间了，但人家不管这一套。我们必须再设一个洗手间。这时我让那位检查员吃了一惊。我说，在我们的乐富村的小学里，洗手间要比规定的少得多。他不相信我的话，于是我请他去参观我们的小学。他亲眼看到了政府并没有遵守它自己定的规章制度。于是，他允许我们的私立学校注册了，尽管洗手间比规定少了一个。他又怎么能不允许呢？

还有一次，消防处人员在检查我们的校舍时说，我们不能注册，因为消防处的梯子达不到上层（第五层）的屋顶，因而存在发生火警的危险。这一次我去找了消防处长，问他们对那些公共屋村的幼儿园又是怎么做的。那些幼儿园设在八层楼上。对他而言，这是个新闻。他也认为政府自己就在违反规定。后来，他做了妥协，说他在测量距离时将以地板为准，而不是以第五层的屋顶为准，这样我们就符合规定了。毕竟，当发生火警救人时，他们通常是站在地板上，而不是站在屋顶上嘛！我没有理由认为这位处长是贪官。

事实上，当他最初来香港，还没有就任处长时，他对我说过，当他听说消防队员在打开消防水龙灭火之前先要讨价还价时，他感到非常吃惊。现在他早就退休了，但有时还会在圣诞节时给我寄张贺卡来。

当然，由于我敢于直言和反对贪污现象，政府对我施加过压力。有一次，一位官员的儿子告诉我，有人在对我进行调查，看看我是否同共产党有接触。我想，如果一个人因为努力做个诚实的人而被视为共产党人的话，这说明那个党不错啊。但是，后来，又是那个年轻人对我说，他们发现我与之有联系的似乎全都是国民党人。我自己也不知道是否如此，不过，由于我当时住在寮屋区，我猜我认识的人大都是忠于国民党的。但他们从未同我谈过政治。

此外还对我施加了另一种形式的压力。有两位自愿帮助我们学校工作的学校管理人员对我说，除非我对贪污受贿现象默不作声，否则政府绝不会批地给我们建一所像样的学校。当我拒绝保持沉默时，这两位外籍管理人员便辞职了。我这个人是不会轻易放弃原则的。《拘留和递解条例》很容易让中国人闭上嘴巴。根据这项条例，如果中国人议论到舞弊行为，他们就可能被无限期监禁而后递解出境。有些中国人也的确遭到了这样的命运。我了解这种情况，因为我曾帮助他们中的几位从狱中获释。然而，这项条例直到1995年仍然留在法律条例汇编中。但它不能用在我身上，因为我有英国籍，虽然他们在1966年曾设法把我宣布为"不受欢迎的"人而禁止我进入香港。这又是一件说来话长的事。

事实上，对贪污受贿现象感到愤慨的外籍人士不止我一个，只是其他人——他们都是传教士——没有说出来而已。其中有一些是美国人或加拿大人，如果他们公开讲出他们的看法，他们的签证可能被吊销。我们常在私下里议论，他们向我透露，他们在设法为穷苦人办学的过程中也遇到了类似的难题。不管是对是错，反正我们得出了这样的共同结论：看来政府的目的是竭力阻止我们使穷苦人受教育。然而，总的来说，我必须承认，在推动教育方面设置的所有这些障碍的根源还是贪污受贿。他们的目的是捞取好处，而不是故意制造障碍。

那些年，我们以微薄的财力办学，政府一再拒绝提供帮助（除了透过何明华会督的斡旋把我们那所小学分给我们以外）。在经受了这么多年的艰难困苦之后，情况终于改变了。1968年，我被召到教育署，在那里我见到了那位对我一向友善的助理署长。他对我说，观塘有一块地是指定用来建中学的，现在可以把这块地给我，让我为住在那个区的公共屋村的许多穷苦人家的孩子办一所学校。他问我想不想要。我当然想要了，但我提出了一个问题："政府这么多年一直拒绝帮助我，为什么现在要把这块地给我呢？"他微笑着回答："另一个感兴趣的方面是一个共产党团体，权衡之下还是给你比较好。"这么说，与我因矢志同贪污现象做斗争而被视为"赤色"人士的那个时期相比，我总算取得了进展！

在此之前两年，警察曾诬陷我煽起暴乱，因为我公开指责他们卷入贪污受贿和毒品交易。其实，说我煽动暴乱完全是莫须有。我连示威都未组织过，更遑论暴乱了。

共产党也受到指责，说他们引起了1967年的骚乱。在那个动乱的年代，没有其他人希望建立学校。除了把那块地分配给我以外，政府还将以贷款形式提供大约80%的资金。后来，到了20世纪70年代，政府最终承担起向所有儿童提供九年免费教育的责任，这笔贷款也就随之取消了。60年代的民众骚乱使政府认识到，这么长时间以来，人民一直是贪污行径的受害者，但他们的忍耐是有限度的。只要所有政府都能看到像那个时期出现的种种迹象，世界上的许多苦难本来是可以避免的。然而，整个打击贪污的问题得以解决、麦理浩总督于1974年成立廉政公署仍是将近10年以后的事。

第 8 章

关于官员、承包商和三合会

要是没有工务局内的某些官员的纵容，房屋署内本来不可能存在贪污受贿现象。任何新房屋的兴建都必须向工务局提出申请和提交计划。也只有在该局发给使用许可证之后，业主才可以入住或出租该房屋。

第二次世界大战结束之后的30年里，贪污受贿的官员可以为所欲为，结果，该局趁每次修改政策的机会大捞黑钱。那些希望不必经过漫长的法律程序而把租户赶出去的业主可以依靠该局把他们的房屋宣布为"危楼"，并"为着住户的安全"下令租户立即迁出。

业主们使用的驱赶租户的另一个办法是找来一批三合会成员，骚扰租户，直至他们为了保命而逃走。这种办法至今还时有采用。但在早期，由房屋署宣布某座建筑为危楼的办法是最常用的。

在开始施工建房之前，业主先得向工务局提交建房计划。这是应该的，但是，任何业主若是不能顺从那些腐败行径，他就一定会倒霉。这比制订保证公众安全的计划要重要得多。我在开始为穷苦人办学的努力后不久就懂得这一点了。20世纪50年代末期，政府通知我，我们先是支起帐篷，后来又建了一座很小的校舍的那块地皮要被收回进行重新开发。我没有表示反对，因为我知道我们只是暂时被允许在那里办学。于是，我不得不另寻一处合适的出租房屋，因为已经没有希望再得到一块地皮或金钱来建一所新学校了。凑巧，那天我乘搭巴士到九龙城，路上我发现衙前围道的一座新楼的顶层有一排空置的房屋。我下了车，前去察看那些房屋。房屋共有四间，大小都够当教室用。看起来真像是专为我们盖的。但当我同业主接洽时，我吓了一跳。她很高兴把那些房屋租给我们办学校，但她对我说，我要支付一万港元的"锁匙钱"。我听说过"锁匙钱"这个词，但总以为那是给那些贪婪的业主的。可是，当我问这位女房东，她是否能把"锁匙钱"免掉，因为我们招收的是穷学生时，她解释说，这钱不是给她的。除非她把这么多钱交给检查房屋是否符合已批准的计划的那些检查员，否则他们就会找出毛病来，那样她就别想把房屋租出去了。

于是，我主动表示可以亲自到工务局去一趟，设法说服他们，因为我知道，他们绝不敢对一名英国人承认他们想要贿赂。殖民官们对英国人民隐瞒贪污受贿的真相，而这也正是一些在香港的英国人怪罪我的原因，他们以为那些贪污受贿的故事是我编造出来的。这个毒瘤没有触及他们，因为他们在香港享有特权，法治对他们是适用的。那位女房东感谢了我的好意，但是说，如果我这样做了，她就会被列入黑名单，以后再也得不到建房许可证了。这事看来是一点办法也没有了，因为在我用自己的收入支付了学校的开支之后，到月底时我的银行户口上通常只有20块钱。不过，我肯定这些房屋正是我们需要的。万般无奈之下，我收起自尊（因为我是最不喜欢干筹款这种事的），去找了一位非常有钱也非常有名的人士。当时他是马会的成员，也是委任的立法局成员。他爽快地答应把我们所需要的一万块钱给我，因为他太了解有关"锁匙钱"的情况了。使我感到愕然的是，这位有权有势的人物对于一种显然属于不法勾当的事情居然那样无所谓，从未以立法局议员的身份反对过。

后来我发现，每一张建房许可证，除了正式收费之外，都要给钱的，当然是非正式地额外付钱。一个大型餐馆要想获得入伙许可少说也要花10万港元。此外，餐馆的业主还得给消防处送钱，才能使他的房舍在火警标准方面获得通过（即便该房舍不符合火警条例也没关系），而后，他还得打点市政总署的检查员，他们才会点头，说所有必要的设备均已按他们的规定安装并维护了。要想取得市政总署的餐馆牌照，那可能需要好几年的时间，直至每一细枝末节都符合规定，当然，除非业主准备给检查员好处，使他对任何欠缺之处视而不见。有些餐馆等牌照等得如此之久，以至于他们不得不非法开业来应付开支，然后他们被一次再次地传唤，直到付出取得牌照的非官方价码为止！

但是，对餐馆老板和某些其他公司而言，当官的不是唯一使他们头痛的人。他们还得向三合会支付"保护费"，否则他们的窗户会被打破，家私会被破坏，甚至连房子都会被纵火烧掉。就是到了今天，2001年，由于不交保护费，某些房舍被纵火或受到三合会的其他袭击的事情也屡见不鲜。这种情况在歌厅、夜总会和卡拉OK酒吧中尤其常见，因为那里是三合会分子最常聚会的地方。

学校也逃不脱工务局的索贿行为。在我们开始修建现在这所学校的时候，我亲自尝到了个中的滋味。一位建筑师（这里姑且不点他的名了，反正他的姓名我也忘记了）请我吃饭，对我说，他对建造这所学校有兴趣。他说，他同工务局的一些官员相熟，可以保证学校的建造不会拖期，他又说，当然，这要比通常多花点钱。我明白了他的意思，但我不打算用不正当的手法"打尖"。我谢了他，但是婉拒了，最后找到一位愿意修建这所学校的建筑师，尽管我还是因拖期而付出了代价。他是一位非常有经验的建筑师，但是，无论他把什么问题提交给工务局，他们总能找出某种毛病来延宕这个项目。而且还不是一次把所有毛病都指出来，而是一个一个地说，因此就得多次返工。我不断打电话询问这个项目进展如何，显然我们的学校总是被排在最后。计划刚一通过，我们的建筑师就快马加鞭投入施工，在项目启动的四年之后完了工，不过要是从计划通过算起，只用了一年时间，而且他把活干得很漂亮。当时，有些承包商用咸水搅拌混凝土，但我们的建筑师却要求分毫不能马虎，因此，尽管香港天气变化无常，学校建成30年来没出什么问题，至今仍然很坚固。

修建学校的时候，正值淡水缺乏，许多建筑公司确曾使用过咸水。一位建筑承包商（他是位外籍人士，没有参与建筑方面的非法勾当）告诉我，荃湾的公共屋村是用咸水搅拌的混凝土建的，而且水泥表层的里面塞了垃圾。他给我看过一块样土，里面的瓦砾很快会造成裂缝，给住在屋里的人带来危险。我把这件事报告了工务局，但他们没有采取任何行动，而且，这种做法显然在继续，因为10年后，该屋村的那些楼宇，共有一百来座，不得不清拆，把里面的住户重新安置到本来是为低收入民众修建的新楼里去，而那些低收入民众只有轮候更长的时间才能得到住屋了。任何人都没有为这种人命关天的恶劣行径受到惩处。我听说过大量的这类情况，其中有许多是正直的公务员提供的，而且我把所有这些情况都向政府反映了，希望能对那些贪污受贿行径采取行动。一位向我反映情况的人士是公务员。有一天，她打电话给我，听得出她很烦恼。她没有说出自己的姓名，我也没问，因为我知道我的电话是被窃听的，人家若是知道她向我反映情况，一定会炒她的鱿鱼。她说，为了向腐败官员行贿，每笔合约中要加上一个项目费用的15％。我知道这是实情，因为腐败的警官在"摆平"交通意外帮助肇事司机摆脱罪名时用的就是这样的百分比。另一位公务员私下向我透露，每逢我举报一名官员的贪污受贿行为，那官员就会被所在的部门提拔，这显然证明贪污受贿行为受到积极的鼓励。我从未出卖过向我提供情况的公务员，因为我知道我们需要我们在一桶烂苹果中所能找到的所有诚实的人。

　　我对工务局的某位主管存有严重的怀疑。有一天，报纸上报道了一件不法行为，我给他打电活，对他讲了一些细节，以证实报纸的报道。他说："对，我肯定你所说的确有其事。"同一天，他透过报界发表讲话说："本部门没有这类不法行为。"几年之后，我同廉政公署联络，要求对那个人展开调查。我得到的回答是，此人肯定是受到怀疑的，但他已经退休，联络不上了。

我想我可以说，我所提到的所有不法行为在某种意义上都与三合会有联系，有的是透过工务局本身与之有联系，有的则是透过公务员的朋友与之有联系。英国殖民政府表面公正的法治只适用于外籍人士和某些有影响的富豪，而三合会则控制着大多数政府部门——如果不是所有部门的话——的所有政策的实施。鉴于我同草根阶层生活在一起，我看到了所发生的一切，人们也把所发生的事情告诉我。在官员们的眼中，我是一个声名狼藉的人，毋宁说是一个"麻烦制造者"，但我坚决否认我是这样的人。我所希望的只是给予草根阶层的民众以公平和正义。那些人知道我是麻烦解决者，而不是麻烦制造者。

但是，贪污受贿不仅存在于公务员中。建筑行业也充斥着腐败现象，有时根本就是由三合会控制的。有些"建筑承包商"就是三合会大佬，他们注册建筑公司，但只是投标项目然后再转包给出价最高者。同样，装修者也是注册公司后再把所有的活计转包出去。结果，实际从事项目的人便购买质量差的材料和技术差的人工，因为他们所花的钱中有很大一部分付给了贪污受贿的人士和三合会分子。这成了公共屋村方面的一个很大的弊端。当时，政府提供的公寓就像是一些水泥盒子，而住户要进行任何装修都必须从屋村的"经批准的装修公司"名单上挑选一家来做。当时，允许哪些装修公司在屋村经营都由三合会说了算，要是某个住户想要自己雇用装修公司，那他就会成为袭击的目标，而他雇用的装修者则会受到刁难甚至被殴打。这种舞弊勾当是如此猖狂，以至政府不得不先对这些公寓进行装修，而后，谁要想进一步装修，可以自己去找装修公司来做。

　　20世纪70年代中期成立廉政公署后，贪污受贿之风在很大程度上被刹住了。这个机构有一个部门负责为所有政府部门提出有关如何修改那些鼓励贪污受贿的政策的建议。然而，贪污受贿的风气只是部分地刹住了。数十年前存在的贪污受贿现象的残余至今没有绝迹。很大的不同之处在于，如今，一个诚实正直的公务员可能不必害怕因举报非法行为而失去工作了。以前，人们可能会说绝大多数公务员都是腐败的，如今我们可以说，绝大多数公务员都是诚实正直的。然而，直到不久之前在建筑行业内还有太多的非法行为。许多公屋楼宇不符合标准，有些刚刚完工就不得不拆除，因为地基打桩不够，甚至连新机场的一个机铁车站的地基打桩也有这种情况。那些贪婪的人依然置成千上万人的生命安全于不顾，干那种偷工减料的勾当，这真令人难以置信。纳税人的大量金钱被浪费在先是修建，接着拆毁不安全的建筑物上，这是绝对不能接受的事情。贪污受贿是正义和法治的死敌，现在这一代必须确保犯罪的人受到严厉的制裁。

第 9 章

20世纪60年代的香港
——罪恶的天堂

20世纪60年代有一年，一个男人举着横幅出现在香港的大街上。那横幅上写着，他曾帮助抓住一些抢匪，但后来却被这些抢匪抢了。在法庭上，那些抢匪被指控犯了伤人罪，但没有提到抢劫罪，因此判刑很轻。这个人感到很委屈，于是便用他的横幅把警署围起来，希望讨个公道。一个谋求正义的人在找到正义之前，可能先被关进精神病院。这就是20世纪60年代香港的状况。

我也像那个举横幅的汉子一样，不指望为我在这一章内提到的案例讨回公道：我将把真名略去，但我可以向读者保证，其中的每一个案例我都做了亲自访谈，可担保所提供的事实完全属实。

张太受到一个年轻邻人的殴打。她按规矩向最近的警署报了案。警署让她去一家诊所检查，但诊所的人告诉她，没发现她身上有伤，并给了她一张大意如此的诊断证明。她知道自己的疼痛不会是无缘无故的，于是再次到了警署。在警署，她被告知，如果她不满意，她可以再到一家政府医院去检查。她来到伊丽莎白医院。在那里，她因手指骨折被留医，还有眼部的一处重伤需要观察。医院给她开了一张诊断书，记录了她的伤情。

离开医院之前，一个警察走近张太，表示只要给他一些钱，他愿意"搞掂"这个案子，使结果对她有利。张太拒绝了这个建议。毫无疑问，正是她的这一拒绝导致了后来发生的种种事情。

案子到了法庭上以后，张太吃惊地发现，诊所开的那张指她没有受伤的诊断书被呈送给裁判官，而且诊断书的日期也被窜改了。裁判官指她说谎，撤销了这个案子。

你很难指责那位裁判官办案不公，因为人家呈予他的是那张错的诊断书；同时，你也不能指责那位女士被激怒。她要求警察和行凶的人道歉。她很自然地认为警察和那个行凶的人是沆瀣一气的。她的要求并不高，但是警察居然可以嘲笑这样一个要求，因为他们穿着女王的制服，而且在1967年之后还顶着"皇家"头衔。就因为如此，他们的话就是绝对可信的。许多裁判官明确地表示，无论警察说什么，他们都深信不疑。

张太来找我，因为她知道我会接下她的案子并争取改正。市政局的议员，尤其是女议员，若是接手这类案件，会被警察们讥为"轻信"或"天真"。但就这个案子而言，他们的这种看法是错误的，因为他们没有意识到，我在相信某个案子属实并愿意接手之前，向来是要对控辩双方都进行核实的。

在处理这个案子时，我向警察询问了经过。在上级警察进行了调查之后，一位高级警官——一位英国警官——告知我，那张错误的诊断书是因"疏忽"而被呈堂的。这位原高级警官与我之间的对话大概是这样：

警官：将错误的诊断书呈堂，这的确是一个错误。

我：如果这是一个错误，那当然就应当想办法补救，因为这位女士受了伤，而且对于裁判官骂她说谎感到非常气恼。

警官：可是，骂人并不会对任何人造成伤害。

我：那你愿意你的太太在法庭上被人称为说谎的人吗？

警官：不愿意，但是并没有造成伤害。

我：对那个打了人后却逍遥法外的人又该怎么办呢？

警官：即使没有诊断书这回事，他也可能摆脱罪名的。

我：难道你不认为由于警方出示了错误的诊断书使他更容易摆脱罪名吗？

警官：不，我认为结果都会是一样的。

我：你能把这些话写下来给我吗？

警官：我不能。

我：我应当料到你不会这样做。请想点办法吧。

后来他们没有做任何补救，也没有按张太的要求向她道歉。其实，道个歉本来是非常简单的事。不过，他们以书面形式承认，他们"错"把那张错误的诊断书呈了堂，而且，那位妇女被告知，如果她愿意，她可以循民事途径采取行动。但是，这样做要花钱，所以，她只好收起自己的尊严，忍受裁判官的侮辱。

警察说没有造成伤害。可事实上，造成的伤害非常大，因为至少又有一个家庭对警察和法庭产生了反感，又有一个凶暴的人学会了如何绕过法律。不仅如此，这进一步加深了我对20世纪60年代的司法体制的幻灭感。

此后不久，那个受到指控的男人故伎重演。不过，那女人不想再度遭受不公正，而是提出搬到另一个屋村的要求，以避开那个恶霸。问题就这样解决了，虽然是一种不公平的解决办法。

假如有谁认为这可能只是一个孤立的案件，那么让我再讲一个与举横幅的那个人相似的故事。我要用这个人自己的话来讲，这些话引自一项有他签字的声明，不过，为了保护有关人士，在这里我要隐去他们的真名：

1966年1月18日，下午六时左右，我正在九龙湾的街市买菜。突然来了三个大汉，命令我不要动，不然就杀了我。然后他们就对我拳打脚踢，直至我昏迷过去。我醒来后，发现我的劳力士手表不见了。我想立即去向警察报案，但后来看见了一位名叫×××的卖大米的朋友，就把那几个大汉打我以及我的手表被偷的事告诉了他。然后我就搭巴士去警署报案。警察用救护车把我送到广华医院，我在那里住了七天才出院。

出院后，警察几次把我召到警署去盘问。后来我接到一个通知，说那三个抢匪被抓获并以抢劫罪名受到指控。3月9日，我去到法院。在法庭上，我发现，对这几个抢匪提出的指控变成了普通伤人罪。案子开始审理后，我发现被告只有两个人，而不是三个。法官的裁决是，抢匪们只需赔偿我100块钱的医疗费。他们没有让我的证人即那个卖大米的人出庭，他们甚至没有让我站到证人席上去。他们只是听了警察的介绍。可是抢匪们却有两名律师。我对裁决提出异议，但法官却把这称为藐视法庭，说"如果你不同意，那就到警署去见负责的官员"。我到了警署，那里的人又叫我去南九龙裁判法院司署去见一位"KKK"先生。这位先生对我说，如果我不同意裁决，我可以去最高法院。我花了一整天时间，却始终不得要领。我的天！我对香港的法律一无所知。我受了欺负到哪里去讲理呢？看来，唯一的办法就是去求叶锡恩女士（本书作者）帮助了。

1966年7月26日，我在《星岛日报》上看到一篇报道，警方的律师当着暴乱调查委员会的面对我的案子做了不实的说明，而叶锡恩女士由于为我说话而受到不合理的对待。我感到很抱歉。所以，我今天特地请假从荃湾来看望叶锡恩女士。我愿意把我的案子的真相讲出来，让公众了解。当然我非常害怕这样做，但是我这一辈子都忘不了这种痛苦。所以，我希望社会能同情我，保证我的安全。

一名中国女仆的手表和金项链被人抢去，但她不肯报警。这是人们通常的态度：报警被视为相当有风险的事情。你可能走运，也可能倒霉。人们肯定不会因为你遭受了痛苦感谢你。请看下面这个例子。

首席法官一直责怪香港公众不肯举报本区内的贩毒活动。一位原对毒品交易感到忧虑的女士确曾举报过，但她来我这里抱怨说，她的举报没有受到理睬。她后来要我亲自去看一看。两位前来这个区处理小贩问题的公务员陪我一起去了。有人把据称是出售毒品的窝点的那个小屋指给我看。我站在那里观察，直至看到一个年轻女子出现。那女子确实非常年轻，而且看起来像一个"典型的"道姑。我在同一条小街上看到了另一个瘾君子。然后我报告了警察，要求对那个年轻女子进行治疗，并就贩毒活动采取行动。最后我收到了警队总部写来的一封信，指责我用我的"指控"挑起了很多麻烦，他们说这些指控是"没有根据"的。首席法官不是劝告公众举报贩毒活动吗？结果就是这样。

但是，事情到此并没有结束。没过多久，那位向我通报贩毒案的女士的家遭人闯入。她受到殴打，我看见她的脸被打得青一块紫一块的。她向当地警察报案后，他们还嘲笑她，喊她"疯婆"。她的住所被闯入好几次，有一次是发生在暴乱调查期间，在一位律师私下对她说她在被人跟踪的次日，她发现她的所有文件都被仔细搜查过，尽管什么东西都没丢。据信，警察错把她当成1966年暴乱期间腐败的警员诬陷我的案件中向我通风报信的人了。邻人们说认出了那些搜查者是便衣警察。尽管我对受害者感到抱歉，但我不能不庆幸自己没有说出真正给我报信的那个人的名字。不然的话，她的生活以及她的那些当差的亲戚——是他们把警察诬陷我的情况通报给我的——的生活会处于很大的危险之中。

即便是控告者打赢了官司，他仍有可能成为输家。一位政府官员在打赢了一场伤人官司，法庭判决赔偿他100块钱之后就有了这种体会。在这个案子中帮过他忙的警员说，他们希望他请吃一顿饭。这顿饭的花费是200块钱。

如果还是有人不信，还有许多其他的例子，而且所有例子都是同样的模式。证据被压下来，受害者受到不公平的对待，罪犯看到他可以怎样完全脱罪或者至少可以得到非常轻的轻判。

但是，腐败现象绝不只在警队中有，整个公务员队伍内贪污受贿现象都很猖獗。与他们同流合污的人很快就会得到升迁；对恶行视若无睹的人可能平安无事，但在某些部门很少能得到提拔；而反对腐败现象的人会因"不合群"被实时解除职务。我见过一些警员，他们之所以被炒鱿鱼，就是因为他们拒绝接受非法钱财而让恶棍干违法勾当。

那个时期最腐败的政府部门之一就是消防处。该处的一位欧洲籍官员告诉我，他到香港后不久便看到这样一件令他吃惊的事。一天，他与其他消防队员一起到一个木材场去灭火。在拧开水龙灭火之前，他听到他的长官同木材场的老板在就那老板该付给他们多少钱来为他灭火讨价还价。直到谈妥价格后，他们才拧开水龙。事实上，本地人中有一个笑话就是说的这种情况。汉语中，"水"这个词的发音和"税"是一样的。因此，当消防队员到来时，他们会说"没水"，意思是"你们还没给我们钱呢"。简言之，"没钱就没水"。那个外籍人士后来成了消防处的处长，但到那时，廉政公署已经在解决这个问题方面取得了很大进展。

有一天，与我同住观塘区的一位中国制造商打电话给我说，前一天夜里，他接到消防处的电话，告诉他说，他隔壁的那家工厂着火了。消防处保证他们能保全他的工厂，但条件是他要付些钱，不然的话，他们会打开他的工厂的门，让火蔓延到他的工厂。他没有办法，只好付钱。没有人出来制止他们这样做，因为政府中没有人肯听有关贪污受贿的举报。警察确实有个叫作"反贪科"的部门，但是那个科比警察本身更腐败，因为每个部门在该科都有自己的"助理"为他们打掩护，这些人当然全都希望分得一杯羹。

我本人就有好几次同消防处打交道的经验，但最可笑的是我在旺角租房办学校的那一次。那套房子已经作为注册校舍使用了一段时间，所以房东向我保证，注册我的学校不会有任何问题。但他大错特错了！当消防处官员来检查房屋的火警安全时，他们对我说，我无论如何不能在那里办学校。校舍必须有两道楼梯，两个出口。而这套房子只有一道楼梯。这是一座战前建的旧的五层楼，学校设在靠上面的一层上。我争辩说，该房舍已经作为学校注册过了，为什么就不许我注册呢？但无论我怎么说，消防处就是不肯改变决定。于是我只好违背同房东的合约了。当我向官员们问起为什么以前的学校就可以办时，他们回答说："你一定是拆掉了一道楼梯！"我怎么可能把一道石头楼梯从一座四层楼里搬出去呢？即便这是事实，我这样做的目的又是什么呢？倒是房东带着责备的口吻向我道出了实情。"你没给他们钱，"他说，"以前的学校给了钱，你为什么不给呢？"我没给钱，而是搬到了别处，尽管我要为违约而给房东一些赔偿。此外，如果说没有第二道楼梯这房子是危险的，那我也不想让我的学生去冒这个险。然而，当官的所在乎的是钱而不是孩子们的生命。

当时，律政署也不是没有腐败和不公正现象的清水衙门。我当时处理过的最可悲的案子之一是一个小女孩的遭遇。当时这个小女孩将近13岁，她的父母带她来找我。她的父母对我说，这个女孩（在这里我称她为"佩姬"）不得不在9岁的时候去做工，因为没有她的帮补，家里就生活不下去。她的雇主是做小生意的，女孩是住家帮工。她到那里后不久，她的雇主就在夜里进入了她的房间，用手捂住她的嘴巴，强暴了她，而且还要她别告诉任何人，否则就杀了她。这种情况持续了好几年，但到她13岁那年，当她周末或假日回家时，她的父母注意到她的肚子鼓起来了，并最终发现她怀孕了。她自己什么都不知道，因为她还是一个无邪又懵懂无知的孩子。

她的父母去把这个强暴兼虐待儿童案报了警，警察把案子转到律政署。律政署决定不起诉，尽管案情和罪犯都清清楚楚。

佩姬的父母来找过我后，我同律政署起诉科的负责人之间就他们为什么不起诉的问题有过大量的书信往来。最后的答复是，把这个案子弄到法庭上，"对这个孩子不利"，因此就不采取行动了。而不起诉肯定是对孩子"不"利的，因为那孩子已经临产了，而且现在已经完全了解了自己的处境以及她父母的痛苦。

当律政署仍在坚持不起诉的时候，我则在寻找有助于采取民事行动的证据。一位年轻人来看我，他说他妹妹16岁时也被那个人强暴过。最后，那个姑娘亲自来了，并对我讲述了她的故事。当时她已将近20岁了。她说，这个雇主曾答应，如果不起诉他，他将娶她为妻。于是，他们在警署内达成了一项她撤销报案、他娶她为妻的协定。可是，她刚一签署撤销报案的文件，那男人马上就取消了娶她的保证，这一切就发生在警署内。警察后来对那姑娘说，他们不能继续办理这个案子了，因为她已经撤销了指控。没过多久，那男人与别人结了婚，这另一个女人显然一直同他一起生活在他强暴佩姬的那幢房子内。

此前我已经要求律政署调查先前那个涉及同一雇主的强暴案了，可他们否认任何警署接到过报案。即使现在，当我向他们提供了案情的全部细节之后，他们仍不采取行动。显然，这个男人是得到警察和律政署两家保护的。最后，我们采取了民事行动，佩姬打赢了官司。那个男人被责成支付孩子的抚养费，但他无视法庭的命令，可是法庭仍旧没有对他采取行动。

当麦理浩勋爵（当时是爵士）就任总督并成立了一个委员会来调查腐败的警员葛柏潜逃一事时，情况开始发生变化了。起初我还有些怀疑。我听过太多的保证，说一定会彻查某个案子，但是所有保证都不了了之。因此，当整个腐败体系在那次调查中被揭露出来，以及当廉政公署于1974年成立时，我感到很高兴。唯一使我失望的是廉政公署还不是完全独立的。它可以建议对某些案子提出起诉，但是起诉的决定权依旧握在律政署的手中。而且我知道，律政署中至少有一些官员是腐败的，佩姬的案子和我所知道的另外一些案子就表明了这一点。然而，廉政公署的成立使诚实正直的人可以举报他们所在部门中的腐败现象了，而且至少制止了"不合群"这个词被用作解雇诚实正直的官员的借口。

20世纪70年代初，我曾极力说服律政署对一名前警员采取行动，此人控制着那些有残疾的报贩，迫使他们把他们的牌照让给他的三合会朋友。在这个特定的案子中，他用一个女报贩的名字假造了一张支票，有些警员帮助他对那名妇女进行讹诈，理由是她开出了一张被拒付的支票。有些三合会恶棍的警察朋友还把那个女人带到她的一些朋友的家中，让她借钱来支付支票上所写的数额。我调查了这个案子，甚至到过兑支票的那家银行，结果发现那个女人在该银行连户口都没有。我还发现了支票的真正所有者的名字并前去拜访了他，向他询问支票的事。他告诉我，那支票是被人盗去的，据称是被讹诈那名妇女的恶棍盗去的。他还表示，如果对那个恶棍提出诉讼的话，他同意以证人的身份出庭。

在这个案子中，很大的困难在于说服律政署起诉科把这个案子交给法庭，但是，经过两年的抗争，终于做出了这样的决定。与此同时，一位朋友——他的弟弟在有关的警署工作——向我通报了一个信息：起诉科中有人接受了贿赂，要把这个案子打输。他提到的那个人原来正是负责起诉这个案子的，他本应对那个三合会恶棍进行起诉，可事实上，从整个审理过程可以清楚地看出，他蓄意输掉这个案子。那个恶棍延聘了一名律师，这个律师用改换犯罪年份而没有改换日期或月份的手法使那个女人和另一名控方证人上了当。由于这两个头脑单纯的证人没有注意到年份上的改变而只记得日期和月份没错，他们就同意说律师的陈述是正确的。于是，辩方律师便称他们为说谎的人，因为他们提供的年份是错误的，就这样他帮助把这个案子毁掉了。最权威的证人本应是支票的原本的主人，可是对于控方律师提出的问题，要求他只回答"是"或"不"，于是这位证人就根本无法告诉法庭他相信那支票是被那个歹徒偷去的。当我后来问到支票的主人他为什么不把偷窃的证据拿出来时，他说，没有人给他讲话的机会。不出所料，案子审结时那恶棍被无罪释放。之后，那女人移居到了澳门，因为她害怕三合会报复。

然而，这个故事的结局还是令人高兴的。后来，那位控方律师离开了律政署，自己成立了一家律师楼。许多年以后，我在报纸上读到这样的消息：由于他同律政署中的腐败人士相勾结，他被判定犯有贪污受贿罪，实际上他还在监狱中度过了一段时光。我没有为他流泪，相反，我觉得他罪有应得。

这个报贩的案子审结之后，我确曾试图把控方律师受贿蓄意输掉官司的事昭告天下。但是，为那个恶棍辩护的律师告诉我，律政署正考虑控告我诽谤。我的回答是："好吧，让他们试试看。"事实上，我很纳闷，这位律师为什么与律政署的关系那么密切，以至于他知道他们在考虑控告我。

就是这同一位律师，有一次曾劝我对贪污受贿的事不要追得那样紧。当时他引述了这样一句话："轻手轻脚抓马骝。"在上面提到的那个案子中，当天我也在法庭上，我给他递了一张条子，上面写着：

轻手轻脚抓马骝

快速出击捞金钱

抓马骝要更慢一点

捞金钱要更快一点

从来不去抓马骝

时刻不忘捞金钱

在那个时代，诚实正直肯定是没有好处的，而贪污受贿则是有好处的。归根到底，许多马骝被抓住了，但绝不是所有的马骝都被抓住了。官员的级别越低，他们越有可能受到责罚。不过，每当我看到大马骝被抓住，我总是很高兴的。

第10章

甚至连司法系统都……

我们一再被告诫说，民主离不开法治和一个通过普选直接选出的政府。我的看法是，正如我们在许多所谓民主国家看到的，情况未必如此。理论与实际并不总是一回事。

在1990年颁布香港《基本法》之前，香港一直没有直选的立法局议员。在一个半世纪的"不民主"之后，香港政府到1991年才开始实行立法局部分选举制度。此前，香港政府只对无权的区议会和两个市政局实行部分选举，而市政局只负责文化、公共卫生和康体事务。至于法治，那只是由殖民者、西方人和享有特权的华人组成的一道虚饰，它在世人面前掩盖着殖民政府内部的腐烂、我们社会中像癌症一样扩散的普遍的腐败。对于劳动阶级、对于直至20世纪80年代仍然占整个人口绝大多数的贫苦阶层而言，法律并不能提供任何保护。法治要求司法制度是洁白无瑕的，但尽人皆知的是，分区警司（即高级警员）为管辖区内的每个警察都规定了抓罪犯的定额。这个制度被戏称为"搵食"，即"警察为自己找食吃"。看来，他们每个月都得抓一定数目的人，以此来证明他们没有白领薪水。这尤其适用于交通警察。人们认为，他们的薪水来自从他们每个月开出的违章罚单中收取的罚款。我处理过公众的许多申诉，其中有这样一个明显的规律：大多数无理逮捕都发生在将近月末的时候，这就证实了警官们需要在其月度报告中证明自己的破案率高的看法。鉴于犯案的大都是三合会分子，而警察又依靠他们来搜集情况和收受贿赂，许多人自然就是被无理逮捕的了。遭到无理逮捕的普通百姓往往是青少年或穿得破烂或没有上过什么学的人，最倒霉的要数那些神经不正常的人了。本区内没有侦破的罪案中的任何一项都可以栽在这些不幸的人头上，这些罪案往往是轻罪，因为这种案子很容易定罪。而且，由于这种罪案是在低级法院审理的，如果受害者没有钱请律师，他们是没有法律代表的。

例如，我处理过的许多案子中的一个与一名把收音机带到一家修理店的工人有关。警察看到他带着收音机，便责令他站住，并指责说那部收音机是他偷的。他极力申辩，说那收音机是他自己的，但警察硬是不予理会，最后他被控以偷窃收音机的罪名送上了裁判法院，尽管他们没有找到收音机的主人，因而除了警察以外也没有控方证人。这个受害者算是幸运的，因为审理他的案子的裁判官是公正的，而且似乎明白有时有些控罪是捏造的。由于没有律师，被告只好自己为自己辩护。他对裁判官说，那收音机是他自己的，而且他还有能证明收音机是他所买的原始发票。虽然这个案子被撤销了，但受害人丢掉了工作，因为他在等候提堂期间每周都要误工去向警察报到。他没有得到任何赔偿，给他安上莫须有罪名的警察也没有受到任何处分。

有时，当一个无辜的人在大街上被随意揪住，并被指控犯了警察想栽到他头上的任何罪行的时候，他会提出抗议，申明自己的无辜。在这种情况下，他可能受到殴打以迫使他认罪。我有一个朋友，她是一位了解这类情况的英国女士。有一次，她问一位当警察的朋友："你们为什么在警署内殴打这些人逼迫他们认罪？"打人的事屡见不鲜，以至于她那位警察朋友这样天真地回答她："但是我们不能在大街上打他们，那样人们会看见的，你说是不是？"诬陷受害者的另一个办法是对被捕的人说，如果他在法庭上认了罪，他会得到很轻的轻判，否则会判得很重。在没有律师的情况下，这些人除了认罪之外别无选择，希望能在法庭上洗清自己。但是，并不是所有裁判官都相信被告的话。有些裁判官看来对他们为之效力的这个体制一无所知。我记得有一位裁判官在听到被告诉说自己受到诬陷时居然指责被逮捕的人说："这些警方证人穿的是女王的制服，他们是不会说谎的。"看来，他对于同一天发生在维多利亚港对岸的事实完全不知情。那一天，好几名警员受到廉政公署的指控，指他们在油麻地水果市场的案子中有贪污受贿行为。在那位裁判官看来，女王的制服意味着所有身穿这种制服的人都是诚实正直的。如果被告在法庭审理时向裁判官报告自己受到虐待，那他很快就会被同一些警察扣上另一个罪名，好让他明白警察有着无上的权力。

三合会和警察的一个巨大的收入来源是贩毒。我们大多数人都知道大毒贩是些什么人，但是当任何人像我曾做过的那样举报他们时，得到的答复通常是：这种指控没有根据。我本人甚至被指责为"浪费警力"。事实上，警察寻找的并不是大毒贩，因为他们中有些人自己就参与这种犯罪。20世纪60年代，有人向我提供了有关一个大毒贩的消息，我向警察的毒品科报告了。我得到的答复真是莫名其妙透了。我在举报时点了那人的名，可警察的答复却避免提到他的姓名，只说此人"现在参与毒品交易比以前少了"。如果他如所承认的那样参与过贩毒，那为什么不曾逮捕和指控他？几年后发出了对他的逮捕令，但那时显然已有人向他通风报信，因此他逃到了一个与香港没有引渡协议的国家。警察要抓的并不是大毒贩，而是一些可怜的瘾君子。有一次，一个瘾君子向我解释说，他有时会承认一些根本不是他犯的罪，为的是保全某位警察朋友，以换取毒品来满足他的毒瘾。有一次，香港某执法机构的一位高级官员向我解释了如果警察想装出他们在有效地对付毒品交易的样子，可以怎样对任何人提出与毒品有关的指控。这个人是个医生，他调查过人们指控的警察打人的事情。他说，毒品被装在很小的口袋里，这种小袋可以放在两个手指之间。警察会在大街上喝令受害人站住，声称他们要进行搜查。然后，他们就会把夹着毒品的手指伸进受害人的衣袋中，并声称毒品是从那人的口袋里找到的。然后就对受害人提出指控。有一次，一个大毒贩被指控并受到严惩。当时有传闻说，那人被一个想抢他生意的更大的毒贩出卖了。在那个极其腐败的年月，这种传闻是可信的。

有一次，有人向我通报说，港岛一个山坡上的寮屋区内公开售卖毒品，瘾君子就在现场用注射、抽食或吸入的方式使用毒品。

一个人前往那里是相当危险的，于是我就请了一位律师朋友作为证人陪我去。我们是在一个周日的上午到那个区去的。我们到了寮屋村后，发现有人显然是在那里把守。他们让我们站住，有礼貌地问我们来干什么。当然，如果我们说是来"抓毒"的，那就无法进行调查了。我说我来找一名妇女，她需要社会福利或类似援助，而且我说出了她的姓名。那"警卫"说他从未听说过这个人，但我告诉他这没关系，我可以自己去找她。我们所到之处都有人跟踪，不过我们很容易就看到了我们寻找的东西。我们走过时，他们根本没想叫住我们，因为他们正在专心致志地"追龙"（用针筒注射海洛因——译者注）。我当然向警察报告了，不过，不出所料，警察根本没有就此采取任何行动。整个毒品交易都是受到保护的，有些警察因此发了财。这类警察中有一个人，名叫吕乐（Lui Lok），就在廉政公署要逮捕他之际，他逃到了台湾。据认为，他带走了5亿港元的赃款。对他的逮捕令至今还有效。但这样的人绝不止他一个。还有一个在泰国与匪徒一起从事贩毒。后来我在报纸上读到他被枪杀的消息，他显然是被敌对的贩毒帮派杀死的。

有时我会出庭去听某个我感兴趣的案子或者为某个被警察安上莫须有罪名的可怜的受害者说明情况争取轻判。有一次，我陪一名被告到观塘裁判法院司署，在那里我对一个人被指责没有适当的驾驶执照而驾驶重型水泥搅拌车的案子发生了兴趣。那是在20世纪70年代的某个时候。那天在法庭当值的裁判官是"青天威尔逊"，但我一直不知道他这个雅号的来历。威尔逊以为老百姓讲话而著称，为人极其公正，而且非常熟悉腐败的警察所玩弄的所有把戏。因此，他深受民众的敬重，但却被当权者所记恨。在观塘的这个案子中，威尔逊裁判官问那个司机有什么样的驾驶执照。被告说，他有小轿车驾驶执照，还说那辆水泥车属于他的老板，而老板只给了他小轿车驾驶执照。然后，裁判官问提出检控的警员，司机需要有什么样的驾驶执照才能驾驶那辆车。那警员傻愣愣地回答说："我不知道。"威尔逊面露怒容，指责那个警察说："连你自己都不知道他有什么样的驾驶执照才能驾驶那辆车，那你指控他什么呢？此案撤销，还要为被告在这里浪费的时间给予补偿。"事实上，那年头驾驶这类车辆根本不需要特殊的驾驶执照。

当时很少有裁判官具有威尔逊裁判官那样的勇气，但是，威尔逊裁判官的直言不讳却使他的日子很不好过。有一次我作为一个案子中的证人曾有机会看到警方的一些档案。我从这些记录中发现，威尔逊曾受到一个警员雇用的凶手的恐吓，那个警员在1966年调查暴乱期间参与过与污损证据有关的一些不光彩的行为。如果连裁判官都可能受到警员的恐吓，那些受到警方诬陷、又没有代表律师的可怜的受害者还有什么希望？不仅如此，当时的法院——时至今日有些法院依然如此——只使用英文，而几乎所有被告都只会讲中文。虽然提供翻译，但在初时这些翻译的质量都很差，有一些根本不可信。当时律师们都开玩笑说，要想打赢官司，你必须贿赂翻译，因为他在丝毫不懂中文的讲英文的法官面前可以随意歪曲案情。有些被告没受过中文教育，更不要说英文了，而且大多数人对法律一窍不通。

警察提交的案子要由律政署审查，决定是否起诉，而律政署内也有大量的贪污受贿现象，这就使公正办案的可能性更加渺茫了。起诉科的问题最大。我在上一章提到过小佩姬的案子，她在9岁那年被雇主强暴并最终怀了孕，而她却懵然无知。我同律政署起诉科发生争执的并非只有这一宗。

有些读者可能会对某位英国女士的案子感兴趣。这位女士被她丈夫重殴，差一点被打死。她丈夫在香港的一家有名的公司工作。该公司为他提供了一位律师，而律政署中显然有人肯听那律师的话。这个严重的案子发生在廉政公署开始工作之后，警方要求提出起诉。在此值得再说一遍的是，廉政公署提交的所有案子都必须经过律政署审查，因为廉政公署无权起诉。审理这个案子的日期实际上已经确定了。辩方打算以那丈夫有自杀倾向为理由做答辩，并说在这种情况下提出起诉会导致他的死亡。如果他当真有自杀倾向，人们会问，那为什么他还在继续工作，因为他如果在工作时自杀，那可能给数百名其他人造成危险。他至少应当受审，如果被认定有罪，那就应当送他去接受心理治疗，这类案子通常都是这样处理的。据他太太说，她丈夫的律师同律政署有关系，而且他最后说服检察官撤销了这个案子。而他太太则没有这样的特权。在开审的第一天，控方就撤销了指控，这使她大感讶异。法官当然感到愤慨。他说，尽管他不同意撤销这个已经排期审理的案子，但是他没有办法，因为他已经没有案子可审了。

在立法局问及这个案子被撤销的事情时，律政署只是声称他们有权保持沉默，没有就此事采取任何行动。倘若这事发生在1997年之后，我敢肯定，带着某种政治色彩的立法会议员们一定会对我们现任的律政司司长、正直诚实到了透明地步的梁爱诗穷追猛打。而当时的立法局与今天的立法会几乎是同一班人马。此案也不是那个时期受到特殊对待的唯一案子。当时律政署的一位成员告诉我，他不好意思对任何人讲自己在律政署工作，但至少还为自己没在起诉科工作而感到庆幸。幸好今天的律政司已经清除了一些——我希望是全部——渣滓。

允许警察随意指控无辜民众的司法系统的问题之一是，它不为那些请不起律师的人提供免费的法律援助。这一点从以下事实中可以看得很清楚：有些因贪污受贿而发了财的人得以逃避惩罚，这或者是由于他们在某些部门内有朋友，或者是由于他们请得起最昂贵的律师，在他们明显有罪的情况下寻找法律的漏洞。我用在菲律宾获得的麦格赛赛奖的奖金设立了一项基金。颁给我这个奖是为了"表彰她为正义而战"，因此把这些钱用于这个目的看来是很恰当的。这笔基金不算多，但我可以用很少的钱请到愿意接手一些案子的律师朋友，如果他们相信有关的控罪是诬陷的话。这些律师当然是不受警察中的腐败分子欢迎的，其中有一位，他曾不收报酬地为我办过一些案子，可是到最后，他却被警察逮捕了，被控以从事同性恋活动的罪名，而同性恋在当时是非法的，即便是在你情我愿的成年人之间也不行。他给了我一份其他同性恋者的名单，这些人从未受到指控，因为他们对腐败现象保持沉默，或者他们自己就干那种贪污受贿的事。我当然没有把这份名单公之于众，但我发现，看看警方采取什么行动迫使他们缄默不语还是挺有意思的。警察在查阅这位帮我打官司的被指控犯有同性恋罪的律师的案卷时，曾盘问被告，我是否为他提供过男孩子，其实我只是请他在法庭上为那些男孩子辩护而已。他们的这些做法使我感到好笑至极。在警察盘问那些男孩子的时候，他们说，除了在法庭上，他们从未见过那位律师，因此他获得了无罪释放。

类似的不公正案子我处理过不下100宗，而我的朋友诺拉·贝克萨尔（Norah Bexhall）女士——她本人在英国就是一位太平绅士——把所有这些案子都抄录了下来，我们打印出一份简要的报告，指出香港司法的恶劣状况。我把一些副本寄给了英国议员，其中有一份到了芬纳·布罗克韦勋爵手中。当时芬纳·布罗克韦勋爵已经90高龄，但依然活跃在法律界。最后，在他的鼓励下香港实施了当值律师制度。从那时起，这个制度不断发展，及至后来政府自己成立了一个法律援助署。结果，被指控的人得到公平审判的机会大大增加了，尽管还有很大的改进余地。现在，小孩子和年轻的学生们就受到教育，让他们知道自己的权利，真希望香港有朝一日能由于为一切人服务，而不是为少数特权阶层服务的司法体系的改善而成为亚洲的一座灯塔。

然而，要想使正义占上风，那就要使各民族的被指控的人士都能获得正义。

我经常听到来自非华人和非欧洲人，尤其是具有非洲背景的人的抱怨，说他们被剥夺了似乎只适用于白人和香港当地人的权利。有些人抱怨律师不好好处理他们的案子，由于存在语言方面的困难或由于对他们存有偏见而不向他们提供有关应有程序的明确讯息。他们抱怨说，他们被判了长刑期不能得到复审，也没有机会像其他人那样得到保释。从人们向我反映的情况看，他们被判的刑期要比欧洲被告长。以下刑期似乎可以说明这是真的。

O.R.，尼日利亚人，承认藏有海洛因1.4公斤，扣除认罪减刑后被判入狱14年；

J.X.，尼日利亚人，不承认藏有海洛因900克，被判入狱20年；

E.B.，尼日利亚人，承认藏有海洛因3公斤，扣除认罪减刑后被判入狱14年；

W.X.，欧洲人，承认藏有海洛因15公斤，扣除认罪减刑后被判入狱15年；

M.M.，欧洲人，承认藏有海洛因12公斤，扣除认罪减刑后被判入狱12年。

在种族歧视方面，香港绝不是最糟糕的地方，但我们不应当停止努力，直至所有的人都能作为人受到平等对待。任何社会，如果它不论在什么情况下还在实行种族主义，那它就不能被称为民主社会，不能称自己实行法治。事实上，正是在那些要求别国——其中大多数国家以前作为前者的殖民地受到过不良对待——实行民主和人权的国家内，种族主义表现得最为明显。一旦我们抛开对那些以前被殖民者作为奴隶对待的民族的偏见，我们就是走在通往民主的道路上了。一旦我们认识到任何颜色的皮肤下面所跳动的都是与我们自己的心脏相似的心脏，那我们就是走在通往人权的道路上了。我非常感激我父亲在我小时候对我的教诲，虽然他由于家庭条件的关系没有念过多少书。除非每个国家都能抛开它的民族的、宗教的或政治的偏见，否则世界永远不会安宁。

第11章

贪污受贿之风蔓延到交通部门

产生腐败的最灵验的办法之一是为绝大多数民众造成一种生活必需品的短缺。那些有钱购买他们所需要的东西又有一点不义之财的人可以享受生活和某些奢侈品，而钱少的人却得不到最基本的生活必需品。而对低收入的工人来说，交通通常就是一种基本必需品。

在第二次世界大战结束后的20多年中，每天乘车去上班都是一件令人头痛的事。两家巴士公司，即中华汽车有限公司和九龙巴士有限公司，垄断着除了香港电车以外的所有地面公共交通。香港电车在港岛上自东向西有好几条线路，至今仍然非常受欢迎。与此同时，两家渡轮公司，即天星小轮有限公司和香港油麻地小轮有限公司，垄断着跨海港及通往离岛的运输。这些垄断的专营权确保垄断者每年至少赢利15％，若少于这个比例便有理由加价。

然而，尽管作为垄断者享受着各种好处，但是两家巴士公司提供的服务却很差。总的来说，对于两家渡轮公司没有多少抱怨，因为跨海港的路途很短，价格廉宜，而且坐起来还很舒服。实际上，乘坐天星小轮如此舒服，以至于它成了所有游客必不可少的节目。最近有人提出对天星小轮的外观加以更新的建议，引起公众一片反对声，因为这一服务自创办以来一直广受欢迎，至今仍被视为一个重要的旅游项目。电车也一直受欢迎，因为尽管车速很慢，但它们运行正常，价格便宜。电车也是一个吸引游客的项目，任何取消电车的建议也都引起反对的声浪。然而，巴士公司的情况就迥然不同了。人们普遍相信，两家巴士公司有意不提供足够的服务，目的是透过车辆的拥挤来增加收入。不论巴士公司是否有意为此目的这样做，事实是，公司的车辆拥挤到了危险的程度。我本人以前就经常乘搭巴士，因此我看到过这种情况，而且对我所看到的情况感到惊讶。我要说，这些车辆岂止是拥挤，实际上是"塞满"了。不仅下层有乘客站着，连上层也有乘客企立（这是违法的）。更有甚者，政府似乎并不打算迫使两家公司改善其既不足够又不卫生的服务。巴士得不到应有的清扫，我亲眼看见过蟑螂在椅背上爬来爬去，看到臭虫在乘客的衣服上爬。乘过巴士后，我常常发现接触过座位的腿部被臭虫或蚊子叮咬了。

但是，问题不仅在于巴士的肮脏和拥挤。由于没有供乘客排队的设施，巴士来了，大家一哄而上，身强力壮的年轻男子把老人和抱孩子的妇女推到一边。在一次争上巴士的混战中，我看到一名妇女被人猛推到一旁，她背上的孩子被弹出背筐，摔到地上。人们经常可以看到这样的场景：乘客一只脚踏到车上，一只脚还在地上，车就开跑了。由于没有车门可把竭力要跳上巴士的乘客挡在外面，售票员往往会脚踢乘客抓住栏杆的手，迫使他们松手。司机和售票人员与乘客发生争执或扭打是司空见惯的事，而在疯狂的混战中双方都有理由发火。错过一辆巴士就意味着要花很长时间等下一辆，而下一辆可能由于已经上满了人而不停。而且，无论如何也不能保证在下一辆巴士到达时你能在争抢中胜出。

香港的夏天又湿又热。在这样的天气乘搭巴士简直是受罪。简单说来，那二三十年的巴士服务是混乱不堪的。而公众没有办法使自己的抱怨受到重视或得到缓解，立法局中也没有代表提出采取行动的建议，因为立法局的所有非官守议员都是委任的，而这些人本身就是实业界的。

我很快发现，那个时期在香港，三合会分子总是比政府先一步发现公众的需求并从中捞取好处。结果，政府对之睁一只眼闭一只眼的非法运输在香港成了一个有利可图的行业，也成了腐败的公务员，尤其是警察——因为警察是控制交通的——的另一个收入来源。诸如小巴、密封式货车、无牌照的士以及装上客座的卡车（后者主要在新界）这样的非法交通工具开始出现了。大家都知道这一行是三合会分子经营的，或者是由他们操控的，但是，只要车主或司机支付必要的贿赂，他们就可以畅行无阻，而不必去考虑对人的性命的威胁以及一旦发生与这种无牌照交通形式有关的交通意外没有任何赔偿的问题。警察也对非法营运行为发传票，但往往只对那些没有向三合会交过税的人发传票，三合会拿到的税款是要与腐败的警员分的。事实上，如果不交钱给三合会，车辆会遭到破坏，营运者会遭到殴打，有时会被殴而死。

许多人，包括一些公务员乃至警员在内，都对我讲述过这类非法勾当和贪污受贿行为，他们知道我会仗义执言但不会说出提供消息者的名字。但是，这就造成了我控告贪污受贿者的案子的一个弱点，因为除非我说出提供消息者的名字，否则那些腐败的公务员——其中有许多是部门首脑——是不会对我的指控进行调查的。而如果我说出那些人的名字，而他们又是在政府部门工作的，他们无疑会遭到解雇；即便他们不在政府部门工作，他们也会遇到麻烦。所以，我通常不会说出向我提供消息者的名字，只要求政府对我说的事情进行调查。他们本来可以做到这一点：只要亲自去看一看就行了，我每次都是亲自去查看指控是否有道理的；而且这也是因为那年头老百姓长期遭受磨难，没有充足的理由他们不大会提出申诉。但是，不论我反映民众的什么抱怨，我发现答复总是一样的："你的指控被证明是没有根据的"或类似的话。这是使人再失望不过的了。我通常采取的办法是首先去找某个部门的负责人。如果他不采取行动，我有时会给伦敦写信，而伦敦必然会把投诉转到香港政府这里来。从香港政府这里，我会收到与他们最初给我的同样的答复。有一段时间我对这种做法感到如此沮丧，以至我曾建议，我可以自己给自己发一份形式上的答复，大意是"不存在此类恶行"，只要求政府签个字就可以了。在所有其他努力均告失败后，我就在报刊上公开披露案情，只略去提供消息者的姓名。报刊通常会进行核实，证实我所反映的情况属实，尽管有时候他们会过分渲染案情，导致政府反驳说我夸大其词。公众知道谁讲的是实情。

最后，到了1965年，政府在交通咨询委员会中给了我一个席位，表面上的目的是使我能反映公众的疾苦。朋友们提醒我，公众也普遍这样认为：这一任命的真正目的是授给我一种"荣誉"，然后我便会保持沉默。但是他们想错了。我从未谋求过荣誉，而这一任命，对我而言，是一个使公众的声音被听到的机会。

所有会议我都参加，而且我尽了最大的努力去反映公众的疾苦。其中包括公共交通问题、有牌照的巴士不敷需要以及必须由非法小巴来满足公众需要等等。我建议给非法小巴发放在一定时间内有效的牌照，在这段时间内，责令巴士公司改善服务，不然就放弃其专营权。到这段时间结束时，将要求小巴司机或者改行，或者接受训练成为驾驶大得多的公共巴士的司机。我认为这个建议值得一试。但是，当时的运输署长差一点笑掉大牙。"什么？为那些车发牌照？"他说，"不可能！"尽管我一再解释，将会制定条例在拟议中允许小巴运营的有限时间内来管理这些小巴和其效率。然而，不久后，这位署长到日本休假回来后却宣布，他打算推出小巴服务以弥补公共交通之不足。请各位想象一下，当我听到他讲这话时，我是多么讶异啊！而且，这牌照将是永久性的，而不是如我建议的那样是有期限的，但是运营者必须向日本的某家特定的公司购买车辆。他为什么会突然改变主意，为什么只有向一家特定的日本公司购买的车辆才能获得牌照，个中的真相没人知道，但是，该行业的人自然而然会认为，他定会因这些车辆的销售而从那家日本公司拿到回扣。后来，当廉政公署成立时，那位署长就回国休假了，而且再也没有返回香港。

然而，为小巴发放牌照并没有遏制贪污受贿，因为三合会分子和腐败的政府公务员绝不会放弃他们额外捞钱的贪婪本性。后来他们想出了用另一种办法操控小巴运营的主意，就是向每辆小巴收费，否则不许使用特别的小巴总站。他们的做法是成立一个挂名的清洁公司，表面上是负责清洗小巴，其实他们从未做过洗车的事情。虽然每位小巴司机都得付费，并拿到一个标签，贴到他的小巴上，以证明他缴过"费"了。那标签是给交通警察做提示用的。交通警察会开罚单给小巴后面没有贴标签的司机，至于违犯了哪一条交通规则，完全由警察随意来定。事实上，当时在小巴上贴任何标签都是违法的，所以说，三合会和警察实际上是在迫使他们犯法而不受惩罚。一位司机找到我，对我说，有一次他被开了违章罚单，可当时他的小巴出了故障，而且他可以证明这一点。当我亲自到警署去替他投诉之后，罚单被取消了，可是开罚单的警察却没有受到任何惩罚。

　　到此时，小巴司机们已经知道我会为他们的事业而战了。他们向我反映了大量的情况，最后他们甚至向我提供了一些照片，照片上，三合会分子正在从司机手中拿钱，而警察则在一边旁观。本书中有关葛柏的那一章对这个故事有更详尽的描述。事实上，葛柏的案子加速了腐败体制的崩溃，此后不久，到了1974年，廉政公署便宣告成立了。

　　小巴也不是贪污受贿之风的唯一受害者。在本章内，我已经提到过有些无牌照的士在运营。这些无牌照的士被称为"白牌"车，因为它们没有挂正式的士牌照牌子，其中什么旧的私家车都有，而且不论有没有驾驶执照，什么人都开。任何能买或租一辆旧车的人都可以进入这一行，如果他向警察或他们的朋友支付必要的贿赂的话。领取真正的的士牌照要花很多钱，只有有钱人才能进入合法的的士行业。买一个牌照花的钱至少和买一套房子一样多，所以，非法的士业对于得不到牌照的司机就是一大恩泽了，因为贿赂警察到底便宜多了。当然，如果发生交通意外，没有牌照的的士里面的乘客是得不到保护的，但是在巴士车站等车的那些颓丧的潜在乘客常常会使用无牌的士。所以非法的士往往停在巴士站等候乘客。这些的士想在哪里接载乘客就可在哪里接载，而有牌照的的士则不行，他们只能在指定的停车区和的士站接载乘客。有一次，我去看过非法的士在观塘渡轮码头如何运营。的士站设在离渡轮码头出口几米远的地方，但是无牌的士可以停在出口处，而在热天或雨天，大多数乘客会愿意乘坐离自己最近的的士，不管它是否有牌照。与有牌照的士不同的是，它们还可以在不同的地点接载好几名乘客，使车费比真正的的士来得便宜一些。真正的的士只能在一个地点接载乘客，不论乘客数目多少。

我自己的原则是只乘坐有牌的士，而且在乘搭的士的过程中我会同司机交谈，了解有关正在进行的非法勾当的最新情况。有位司机自告奋勇开车送我到司机们同警察就所收取的赃款讨价还价的地方。我亲眼看到了牛头角某个地方的警员同有牌的士司机讨论价格的情景。那些司机不得不向警察付钱，以便保护自己不被扣上不曾犯过的交通违章的罪名。

虽然我可以得到有关贪污受贿的全面讯息，但是我很少能使警方采取行动，因为，正如我已经提到的，我总是被告知：我必须说出提供消息的人作为证人。警察在给我的一封信中甚至写道："如果有证据证明向你提供消息的人本身有任何犯罪行为，他一定会受到检控。"这就排除了任何人出来做证的可能性，因为他们反映说，他们曾被迫支付赂金，而如果他们成为证人，那么他们自己就会被以行贿的罪名受到检控。此外，如果他们不是在香港出生的，他们的头上便始终悬着那个《拘留和递解条例》。按照这个条例，只是根据警察的一句话，他们就有可能被监禁，然后被递解出境，而究其原因，只是因为他们举报了警察的犯罪行为。这样一来，贪污受贿体制几乎成了不可动摇的。

所有以前的总督都拒绝就贪污受贿问题采取行动，而且根本就否认这种现象存在。第一个愿意听听这类讯息的就是麦理浩港督，而且，在葛柏的案子爆出来后，他对此已深信不疑，并就此展开了调查，结果揭露出非法勾当无所不在。

廉政公署刚一成立，许多腐败的公务员就即刻离开了这里，办理了退休或者由于害怕事发而金盆洗手。有些人留了下来，并试图继续干那种贪污受贿的勾当。但是，当有些高级公务员受到检控时，他们不得不采取狂暴行径以求得赦免。不过这个故事我下面再讲。现在，我们有了一支相当廉洁的公务员队伍，特别是政府的高层，这与以前相比是一个很大的变化。根据调查委员会的调查，以前的腐败是由上至下呈金字塔形的。

作为一个脚注，我想再补充一句：我一直感到纳闷的是，今天的一些年长的政界人士，其中有些人还是律师，对贪污受贿的事肯定是了解的，为什么在小孩子都知道存在贪污受贿的时候却从未站出来公开对这种现象表示反对？有些律师的确曾为遭受不公正待遇的穷苦人提供过免费服务，但他们不在今天的政界人士之列，而且他们是欢迎廉政公署的。

第12章

两个不满的夏天：1966年和1967年

对那些经历过这两个夏天的人来说，那段时期的记忆将是永远难忘的。但这是35年前发生的事了，新的一代已经成长起来，他们对人们不满的原因知之甚少，就连媒体也常常把这两段时间搞混。尽管人们感到不满的直接原因完全不同，但有一点是共同的：由腐败和不公正引起的强烈不满。只需一个火星就可以点燃火药。

1966年，经济情况很不好，有些银行关了门，而且再也没有重开，穷人失去了他们微薄的积蓄。本书中提到的各种腐败现象达到了登峰造极的程度，有些年轻人遭到警察的殴打，有时还被加诸莫须有的罪名关进牢狱。许多小孩子上不了学，甚至有些幼小的孩子得为了糊口而做工，他们的父母虽然长时间地工作，赚取的报酬却少得可怜。在这种情况下，政府对民众的诉求却置若罔闻，老百姓找不到地方申诉自己的怨愤。

那一代中国人的耐心是众所周知的，但是，1957年的暴乱显示，如果把人们惹到忍无可忍的程度，耐心也会减少。引起1966年那次爆炸的火星被说成是天星小轮涨价，但我想把那件事的来龙去脉澄清一下。

那时我刚被任命为交通咨询委员会委员，大概政府以为我可能会乐于接受这一荣誉，从此不再吭声。但是，我参加任何委员会的目的始终都是为公众服务，而不是稀罕那个荣誉。事实是，天星小轮公司开通了一条为湾仔区服务的新线路，而且，当时已经达成协议，这样做不需要立即提高跨海线路的渡轮票价。试验期为一年，到一年试验期结束时，如果有必要，可以停止这条线路，也可以提高跨海线路的渡轮票价以便对这条新线路提供补贴。然而，在运营了仅几个月之后，该公司便申请对跨海线路加价。事情并不像人们口口相传的那样，只是要给头等舱增加五分钱的问题。给头等舱增加五分钱只是政府为平息公众的愤怒而做出的最后一刻的努力而已。但在初时，是两种舱都要加价。根据我的记忆，头等舱是增加一角钱，二等舱是加五分钱。倘若不是有关等待一年的协议被撕毁，而且当时工人已经由于经济下滑和失去他们微薄的积蓄而度日维艰了，我本来是不会强烈地表示反对的。我最初是在委员会内提出反对的，运输署长——这位同意渡轮加价的政府官员——给了我一组数字，证明加价的必要性。署长承认这些数字整理得不大好，他答应会修改。但是，修改后的数字仍然没有什么说服力。他手下的一位官员向我介绍了情况，他同我一样，也认为当时根本没有必要加价。不过，他向我介绍情况这件事署长并不知道，而且我在此之前从未提起过。我之所以现在提到此事，是因为有关的人全都离开了香港。我在委员会内再次提出反对，但是，署长根本不打算改变主意，于是我只好向公众寻求支持。我从来不是活动分子，从未组织过示威，这一次也没有这样做。事实上，我根本不认为有示威的必要。我只是要求公众填一份印在报纸上的简单表格，说明他们是否认为加价是可以接受的。我收回了好几万份表格，全都反对加价。后来我给港督写了一封信，亲自拿着信和所有的表格到了港督府。当时还是没有示威。令人气愤的是，政府后来宣布只有一封反对的信。他们根本没有提及那好几万个支持这封信的签名。就这样，加价照样进行。作为最后一招，我劝说反对加价的人站出来讲话。我并没有建议举行示威。我从未打算利用涨一点价这样的事煽动暴乱。我只不过是呼吁遵守协议，呼吁避免给劳动人民增加苦难而已。遗憾的是，一份以耸人听闻的报道著称的报纸在其头版刊登的内容介绍中写道："叶锡恩呼吁采取行动。"该报大概使人对我呼吁的事情留下了错误的印象，而且这不是那家报纸第一次曲解我的意图了。

后来发生的事情现在已经尽人皆知了。一位身穿黑衣服的年轻人站在港岛这一侧的天星码头，手里举着"支持叶锡恩"的标语牌。我根本不认识他。然而，当我发现人们在他身边围拢的时候，我走过去对他说，香港是不允许示威的，而且，由于人群在他身边围拢，他可能被控以阻街罪，而我不希望他的良好意图毁了他的前程，因为在那个时候，就连最小的一丁点儿犯罪都会在警察那里留下永久的案底。那个年轻人显然是受过教育的，他说他懂得法律，但不介意被捕。从此，这个人就被称为"黑衫人"了。

第二天，又有两三个举着反对涨价的横幅、喊着口号的年轻人与黑衫人（他不希望说出他的姓名）聚合在一起。那天，当我同另一位市政局议员（他是一位律师）一道离开市政局大楼的时候，这群新的示威者走上来告诉我说黑衫人被捕了。他们希望我与他们一起到中环警署去看望他，看看他是否一切都好。我同意跟他们一起去。那位律师向我提出这样的建议：如果这些年轻人想表示反对的意见，我们应当在足球场安排一次合法会议，使他们可以说出自己的观点，但是，这需要一些时间，因为需要向警方提出正式申请。

　　到中环警署后，我发现黑衫人精神状态很好。当我对他说他有权利不认罪的时候，他说他已经知道这一点了。后来，该警署的一名警员对调查人员说，我"让"黑衫人不认罪。我同他在一起只待了一小会儿，然后就乘的士到了天星码头，准备从那里过海去参加另一次会议。那几个年轻人与我一起乘搭那辆的士，由于的士是我订的，那很少一点的车费就由我付了。他们仍旧在一起，因为他们想去向被捕者的父母报告他一切很好。当时根本没有任何可能产生暴乱的因素被提及。那些年轻人不是罪犯，他们是真的对那个被捕的人和他年迈的双亲感到担心。顺便说一句，那个人的双亲对他们儿子的做法是不赞同的，因为他们害怕当局。

　　我想是在当天晚上，要不就是次日晚上，一大批非常年轻的人举着横幅、呼喊着口号站在尖沙咀天星码头附近。当晚我本来与杜学魁一起参加一个宴会，出于对事件发展的关注，我提前离开了，打算去看看情况如何。后来我看到又有一大群孩子举着支持我的横幅走在弥敦道上。然而，在我从他们身边走过的时候，他们中并没有人认出我来。一位年长的男子与孩子们在一起。看来是他在鼓动孩子们，然而，当我接过他向路人派发的小册子的时候，我发现那小册子实际上是支持政府的立场的。我感到这事相当蹊跷，后来我开始怀疑他是在为一心要诬陷我的警察做一种肮脏的工作。后来，杜学魁和我乘搭的士回到我们在旺角太子道上的学校。当的士驶到油麻地众坊街的时候，我们发现一群年纪较长的人在向一辆停在弥敦道中央的警车扔石头。我们路过那辆警车时，一块石头击中了我们的的士，不过没有造成损坏。于是，我们便继续向我们的学校驶去，当时我就住在学校里。

回到学校后，我发现一群小贩在那里等我，他们想知道我是否同意他们在其摊位上拉起在渡轮加价问题上支持我的横幅。他们没有听说发生骚乱的事，于是我就对他们说，鉴于我们在尖沙咀看到的情况，最好还是不要拉横幅，免得他们自己卷入麻烦。他们接受了这一忠告，没有拉起横幅。

没等小贩们离开，又来了一位客人。她有点机密的事情要对我说，所以就一直等到小贩们离开。她说，她有两位亲戚在旺角警署工作。他们发现，该警署有些腐败的警员殴打一些男孩，逼他们签署声明说是我给他们钱让他们扔石头的。他们认为这对我是不公平的，所以她就来提醒我注意这个阴谋。我对此一笑置之，根本不相信有人会对我做这样的事。然而，第二天她又来了，告诉我事情相当严重，我必须认真对待。她还把她亲戚的名字告诉了我，我记了下来，并保证不辜负他们的信任。虽然我根本不相信会有这样的计划，但我还是采取了防范措施，写了一封信给一位律师朋友，把那位女士对我讲的事告诉了他。同样，他也不相信会有这样的事，甚至以为我成了妄想狂。我当然不是妄想狂，因为我给他写过信之后就把这件事抛到脑后去了。我曾计划到伦敦去进行游说，把香港的腐败和没有人代表人民说话的情况告诉议员们。我要顺便提一下，当时英国的议员中没有谁知道我们的立法局中并没有民主制度，这些无知的人包括外交大臣和另一位据说是香港问题专家的人，他们两位都是工党政府的成员。

与此同时，香港总督决定对暴乱进行调查，但我并不感到担心，因为我没有违犯法律，自认为没有什么好怕的。我知道，只要我有哪怕是一点点违法的地方，警察是不会饶过我的，所以，我连过街都很小心，绝不闯红灯。我坚信，那些要求公正法律的人必须自己遵守坏的法律，直至他们能够修改这些法律。

待我从伦敦返回香港时，调查工作已在进行之中了。好几位示威青年以证人身份出了庭。有人向他们展示了他们交给警察的、由他们签过字的声明，上面说我付钱给他们，让他们扔石头。当调查委员会的主席问他们那些签字是否真的是他们所签时，他们说是的。后来，他又问他们，我有没有出钱让他们扔石头，他们全都回答"没有"。那位主席被弄糊涂了，因为他原本以为他们肯定可以把我告倒的，于是他问那些男青年，如果情况并非如此，他们为什么要签字，这时，所有的人都回答说："警察满屋子追打我们，逼我们签字。"在被问到我是否以任何方式支持过他们示威时，他们回答说："没有，我们支持她，可她并不支持我们。"我对自己没法支持这些年轻的示威者感到相当抱歉，但一切都发生得太快了，使我连再见他们一次的时间都没有。作为一名教师，我绝不会鼓励年轻人去干违法的事，而就这一次的事情而言，违犯法律只会给他们自己带来麻烦，而对公众毫无益处。

当那些做证的男青年揭露出警察对他们采取的这种行径时，政府想必对于下一步该怎么办感到无所适从，但他们是不可能承认警察中或任何公务员队伍中存在腐败现象的。他们问我愿不愿意在调查中充当自愿证人，如果不愿意，我就会被传讯。我同意充当自愿证人，而且发表了书面声明，但我补充说，我绝不会说出那两位提供有关警察诬陷我的信息的警员的姓名。这一点看来使政府摆脱了窘境，而这正是他们所希望的。

我永远不会忘记对我进行"审讯"的那一周的情景，因为那的确是对我进行审讯。他们像对待被告席上的羁押犯人那样对待我，在警方的律师一封接一封地宣读我所写的反映腐败行为的信件时，不许我做任何答辩，只能说"是"或"不是"。我的那些信总是说我从一些人那里获得了某些消息，但没有说出这些人的名字。不过这些信并不是提出指控，只是要求进行调查而已。然而，警察的律师总是断章取义地读我信中的话，当我试图插言解释这些话是断章取义的时候，我被告知说我没有权利在这个时刻答辩，到律师盘问结束时会给我机会这样做。但是即使在这一点上，他们也是在骗我。他们根本无意让我说出我所知道的情况。警察的律师威尔考克斯（Wilcox）对我大叫大嚷，把我称为法西斯分子，使我忍不住流下眼泪。在他做完这一切的时候，我发现了阻止我为自己辩护的最新计划。我被要求说出揭发旺角警署诬陷我的阴谋的那两个警员的姓名。我已经说过，我是绝不会说出他们的姓名的，但我表示可以召杜学魁来做证，证明有人向我通报那个阴谋时，他是在场的。但他们认为这还不够。他们显然想报复那两名警员，而我则拒绝说出他们的姓名。调查委员会主席警告我说，如果我不回答这个问题，我可能因藐视调查委员会被送去坐牢或被罚款。他们给我一夜的时间考虑，庭审将于次日继续进行。

第二天上午，当我前往进行调查的地点——最高法院时，我发现皇后像广场上站着许多人。后来我听说，头一天夜里，一位重要人物（我一直没听说是谁）去找了港督，对他说，这个案子所引起的人民的愤激情绪在不断高涨，如果把我送进监狱，有可能发生另一起暴乱。在法庭上，他们再一次要我说出那两位警员的姓名，我再一次拒绝了。后来主席宣布暂时休庭以考虑该怎么办。最后，他回来说，考虑到我的年纪和在社会上的地位，就不监禁我了，而且也不对我进行罚款（事实上，即使他们判我罚款，我也不会交的，因为他既然知道我不会说出那两位警员的姓名，就不该接受我作为自愿证人），但是他要我"接受舆论的裁判"。翌年，他收到了公众裁判的结果：尽管发生了公共交通罢工，在历来投票人数最多的市政局选举中，我获得了超过80%的选票。

暴乱调查委员会的报告并没有宣布我无罪，尽管它没有发现我有任何不当行为，但它承认，有必要为那些感到自己被遗弃在社会之外的年轻人提供受教育的机会。

1967年的暴乱是在完全不同的背景下发生的。由于这些暴乱同中国内地在"文化大革命"期间发生的事情有些联系，我无法对这个问题做出准确的评估。那时来自中国内地的消息少之又少。虽然那一年的暴乱是以九龙新蒲岗的一家塑料厂的劳资争端开始的，但毫无疑问，公众中存在着同样的不满情绪，而这也构成了暴乱的部分原因。参加这些暴乱的左派人士都是爱国的中国人，像他们这样的爱国的中国人完全有理由对把他们的同胞当作二等人对待的殖民政府感到不满。参与了1966年暴乱的人中有一些曾在1967年暴乱期间来看过我。他们中有一位手上有血，不过我不能肯定他是自己弄伤了自己还是伤害了别人。从理论上说，如果他袭击了别人，我应当报警，但我只是让他离开我家，因为我不想给他招来更多的麻烦。然而，他解释了他参加暴乱的原因。这与中国内地的"文化大革命"无关，而是因为他在1966年暴乱期间受到警察的不公正对待。我可以理解他的感受，因为在1967年暴乱期间我也对警察的态度感到气愤，这不仅是由于1966年暴乱的关系，而且还因为我看见了他们在佐敦道裕华国货商店外面的法西斯式的行径。他们的行径吓坏了商店里的女售货员，她们试图躲在大楼里，免受这支可怕的警察部队的伤害。连有些警员也对我讲过在1967年暴乱期间诬陷左派人士的事情，而在我自己有了前一年的经历之后，我毫不怀疑这是真的。因此，当政府要求全体市政局议员在一封致英国政府的支持其对暴乱者（其中有一些只是参加了和平示威）采取行动的信上签名时，我拒绝了。我说我不能肯定那些指控属实。然而，我当时的做法是对所有暴力行动表示反对，无论这暴力来自哪一方。直到今天，我仍然相信，正确的办法是研究骚乱的根源，而不只是镇压暴乱者和把他们送进监狱。

由此我联想到一个全然不同的问题，但如今却是世界上的一个重要问题。我可以说，如果布什（George W. Bush）和布莱尔（Tony Blair）早一些采取行动，更深入地研究穆斯林仇恨美国和英国的原因，他们本来有可能保全2001年9月11日死去的数千名无辜者，以及在这两个殖民大国进行的无情轰炸中丧生及痛失家园的难以计数的阿富汗人的性命。他们本来还可以免除其他人的死亡和伤残之苦——那些由天空掉落的炸弹和被散播在家园之上的地雷带来的苦难。

　　他们何时才能吸取教训呢？

第13章

葛柏的案子使事情败露了

我在同腐败现象斗争的过程中，一直注意寻找能为此出力的诚实正直的警察。但是，在那个年月，诚实正直的警察有如凤毛麟角，而且，那些试图同腐败现象斗争的警察会失去他们的合约。

大约是在1970年前后，具体哪一年我记不清了，一位新人接手掌管警队的反贪科。我去见了他，因为他表示想多了解一些警察受贿的情况。他向我保证他打算解决腐败问题，并要求我把我所能提供的情况全部提供给他。我一直不大敢这样做，因为有些当官的只不过想知道我对他们的恶行掌握多少而已。这个人是新上任的，我只希望劳先生（他是一名英籍官员）能是一位诚实正直的官员，所以我向他提供了相当多的情况。我特别提到两名参与毒品交易和腐败堕落的警员。说到这里，我要提一下，几年后，这两名警员中的一个人在泰国被杀，他被杀的原因几乎肯定是他在那里参与了毒品交易。劳先生对我说，他已经了解了我提到的这两个人的一些情况，他很快就会对他们采取行动。他还给我看了一个抽屉，他将把有关我向他提供的情况的资料锁在那个抽屉里，除他以外任何人都打不开。

几周后，我给劳先生打电话，问他对我向他举报的那两个人的案子处理得怎样了。他断然否认听说过这两个人。这一下子使我产生了怀疑，因为我对这两个臭名昭著的名字太熟悉了，根本不可能有什么误会。

我向劳先生反映的问题中包括警察和三合会组织勾结起来逼使小巴司机行贿，以获准在他们的小巴总站接载乘客的行径。这种情况是很普遍的，许多小巴司机的车辆遭到严重的毁损。有些司机甚至由于拒绝行贿而遭到那帮恶棍的殴打。不仅如此，这些司机受到那么多捏造的违章检控，以至于他们若不行贿就只好停止出车了。

这些司机中有一位对这种相互勾结的行径忍无可忍了，于是便要求我邀请劳先生一起去亲眼看一看实际情况。我警告他说，这样做对他是危险的，但我不能让他完全打消这个想法，因为那样一来就好像我本人也参与了这种利益上的勾结，想掩盖什么似的。在这位姓Y的司机的强烈要求下，我亲自去见了劳先生，问他能否陪我们一起去看看实际情况，因为他以前对我说过，如果我能让他看到正在发生贪污受贿的事情，他愿意"在任何时间到任何地方去"。我对劳先生说，我之所以亲自到他的办公室来，是因为我害怕他的电话交谈被别人听到。后来我们就决定：那位司机、劳先生和我于某一天的某个时间在没有其他人陪同的情况下到某个地方去。当时没有讲是哪个地方，但是这个地方要由Y姓司机定，因为他对所有存在贿赂和恐吓现象的总站都很熟悉。当天，我刚回到家，劳先生就打电话给我说，他不能在我们安排的那个时间去了，因为他要参加一个政府的会议。但他会在那天下午见我们，而不是原定的上午。我对他打电话给我感到很失望，因为我已经告诉过他电话可能被窃听，而且，实际上，当时我的电话肯定在被窃听，这是一位原在电话公司工作的朋友告诉我的。

那天，我们刚要出发，劳先生又打电话给我，说会议改在下午了，他无法陪我们去，但会派他的副手去。这时我已确信无疑，劳先生背弃了他的诺言，整个计划肯定会落空；不过，我同意和他的副手M先生一起去。当我们到达商定的会面地点时，M先生和两车警察在一起，请想象一下，当时我们是何等的震惊！我提出了强烈的反对，但M先生（他是英国人）解释说，如果他提出检控，我们需要有证人。Y姓司机对我说，在车上的警员中，他认出了一些贪污受贿的人，所以再到计划去的地方是毫无用处的了。不过，我们还是去了，但是，毫不奇怪，在那里什么也没看到。我想，Y姓司机一定会怀疑我背叛了他，但事实上，我对劳先生非常恼怒，从此再也不信任他了。

这件事的结果是，Y姓司机的照片被张贴在各警署内，警告警察们他是一个"不可靠的告密者"，从那时起，他一再收到交通违章的告票，而他实际上并没有违过章。由于没有诚实正直的警察替他说话，我根本帮不了他。我发誓再也不做这种可能给诚实正直的人惹来麻烦的事了。那位司机最终不得不停止开小巴，而且罹患了抑郁症，最后竟自杀了。他的儿子仍想为其父亲讨回公道，但所有的努力都失败了。

这种行径继续着，有些小巴司机给我一些他们自己拍下的照片，照片上三合会歹徒正在油麻地小巴总站上向司机收钱，而警察就在一旁看着，没采取任何行动，他们显然是被派来确保拿到他们的那份赃款的。我从哪里可以得到帮助来进行调查呢？看来这是个无法回答的问题。后来我想给交通警察的负责人葛柏写一封信，看他有没有办法。那些没有交钱的小巴司机的车辆被严重毁损，有些司机被打，甚至有一位司机被杀害，所以说这是个非常严重的问题。

葛柏回了一封亲笔签名的信，他对我说，我的指控是"没有根据"的，这是所有腐败者的标准回答。我没有向葛柏展示那些照片，因为我想先看一下他怎么办，而且，我认为警察可能对照片的来源进行调查，从而给那些向我提供照片的司机带来麻烦。但是，葛柏的回答使我感到愤怒。我曾经建议他到小巴总站去亲眼看一看类似的事情。对我来说，那些照片就是明明白白的证据，证明那里存在贪污索贿的现象。我对葛柏的答复的愤怒促使我自己采取行动。那天是公众假日，当我带着一位对此案感兴趣的年轻的英语教师来到佐敦道油麻地小巴总站时，正值小巴繁忙的时间。调查真是太容易了。还是照片上拍下的那些歹徒，警察站在一旁观看。我没费劲就拍了一些照片，然后走到一名警员面前，问他为什么不对向每位司机要钱的歹徒采取行动。那警员蠢极了，天真地回答说："是司机们自己要付钱给他们的。"我们在那里看了一会儿，然后搭上一辆小巴。待车驶出警察的视线后，我对那司机说："真的是你们要付钱给那些三合会分子的吗？"那司机笑了起来，用手指在喉部一比画，说："你要是不给钱，你就死定了。

我把照片冲印了出来，把我们访问小巴总站的详细经过写了下来，然后把照片和文章寄给了报界和当时香港唯一的电视台——TVB（电视广播有限公司）。报纸以头版大字标题做了报道。电视广播有限公司的记者很聪明，他们首先访问了葛柏，问他："有没有人向你报告过这种勒索行为？""没有，"葛柏撒谎说。"没有人向我报告过此事。"然后记者们又访问了我，问我是否向葛柏反映过这个问题。我拿出了我写的信和他的回信，记者们把它们在电视上展示了出来。此后便没有人怀疑葛柏的腐败了。

我相信正是这一事件推动了正义的车轮。所幸的是，当时担任港督的是麦理浩爵士，他显然对这件事进行了彻底的调查。葛柏也在无意中帮了忙，因为他在机场上从一个特别的门钻了出去。据我们所知，他带着全家和他获得的赃款到西班牙去寻求庇护。学生们怒不可遏，要求把他捉回香港受审。

葛柏潜逃后不久，我去伦敦访问。那里的报界主动带我到葛柏的寓所，试图见见他。我的目的是说服他回来，协助调查贪污受贿的情况。我到他家时，他儿子应门出来，但不肯告诉我他父亲是否在家。我给他留了一个讯息，劝他回来，但他不肯合作。我忘了他最后是如何被逮住的了，但他后来的确被遣送到香港受审了。对葛柏提出指控的主要证人是他犯罪的伙伴韩德（Ernest Hunt）。他充当指控葛柏的证人，自己获得了减刑。事实上，韩德不仅贪污受贿，而且还是个粗野的流氓，比葛柏还要坏得多，因为葛柏至少有些时候的举止还像个正人君子。韩德在英国期间曾吹嘘他的功绩，以及他如何把人锁在冰箱里，迫使他们提供情况。葛柏的律师要求我充当证人，证明韩德是个说谎的人，证明韩德对葛柏的指控大概是他杜撰出来求得减轻对他的惩罚的。但是，葛柏的确是个贪官，因此我不想做证为他辩护，因为那可能有助于这两个人逃脱他们完全应得的惩罚。腐败使一些人丧失了生计，使另一些人丧失了生命，我觉得这两个人受到的惩罚都太轻了。

葛柏大概没有料到的一点是，他试图逃避惩罚的行为导致了总督特派廉政专员公署（廉政公署）的成立。这个机构的成立消除了贪污受贿给香港的无辜百姓带来的大量苦难。他的确使事情败露了，自己服了刑，而且在无意之中推动了惩办贪污受贿行为的车轮。

第14章

总督特派廉政专员公署在成功地
履行其使命吗？

　　这是研究香港贪污受贿现象的人常常提出的问题。我相信，在香港的每一个熟悉成立廉政公署前的局面的人（包括我自己在内）对这个问题都会发自内心地回答"是"。香港成了一个不同的世界，在这个世界中，或是在学校里，或是在电视上，连小孩子都受到贪污受贿是邪恶行为的教导。腐败的人现在知道，他们的行径有受到惩处的危险，尽管有些人继续冒此风险。许多有罪的人逃离香港，有些去了台湾，因为台湾地区与香港没有引渡协议。还有些人在加拿大或美国和其他国家定居。政府中诚实正直的人现在可以自由地举报腐败行为，而不必担心自己会被炒鱿鱼。最重要的是，受到冤屈的人可以亲自到廉政公署去诉说冤情，不必担心自己会成为被告，而真正的罪犯却逍遥法外。

　　香港有许多人认为廉政公署的建立是我争取来的，这只说对了一部分。我的不懈努力无疑终于引起了那些真正关注此事的官员的重视，1966年和1967年的暴乱无疑也使那些大权在握的人明白了，要想使香港保持稳定，一定得采取一些行动。然而，倘若没有任命麦理浩为港督，这个问题能否解决是值得怀疑的。麦理浩是一位不同的港督，他是外交官出身，而不是一个老派殖民者，根本不关心其统治下的当地居民的权利。许多殖民地总督都是种族主义者，他们在其任期内所关心的只是赚钱。任命麦理浩为总督，这是一个很好的选择，因为他在驻华使团工作过，会讲中文，喜爱中国文化。不仅如此，他还非常正直、勤奋，是个头脑清晰、不达目的誓不罢休的人。他任命百里渠（Alastair Blair-Kerr）担任葛柏贪污丑闻案的调查组长也是一个合适的选择。这种调查我见过很多，但我信不过他们，因为他们的目的看来是掩盖事实，而不是揭露真相。但这一次不是这样。对葛柏的调查揭露出公务员队伍存在的自上而下的贪污。

虽然我对廉政公署的成立感到非常高兴，但我却指出过我对它初期的表现所存有的疑虑。1974年，在电视上向公众宣布成立廉政公署的当天，廉政专员姬达爵士（Sir Jack Cater）发表电视讲话说，他相信"绝大多数公务员没有贪污"。我也在电视节目中讲了话，表示反对他这种态度。我指出，在调查过所有政府部门，查明哪些部门腐败之前，他必须接受这样一种可能性，即整个公务员队伍都是腐败的。我感到惊讶的是，本身也是公务员的他，竟不知道当时贪污受贿现象的普遍性。然而，这一点还不是很重要。也许他只是在设法让那些依旧诚实正直的公务员放心。真正使我感到忧虑的是，新成立的廉政公署起用了前警务处反贪科的一些警员。那个科内很难找到一个诚实正直的人，因为任何诚实正直的人都不大可能调到这个似乎以保护贪污受贿的公务员为主要目的的科里去工作，而且，这个科比警察本身还要腐败这一点是尽人皆知的。我总是努力劝说那些投诉的人不要去向这个科寻求公正，因为他们有可能由指控者变成被指控者。廉政专员问我，如果我处在他的地位，我会怎么办，我回答说，我会到警署反贪科去，让他们把档案柜的锁匙交出来，然后滚蛋。专员为自己的行动辩解说，在廉政公署成立之初，他需要专业知识，而警署的这个部门拥有这样的知识。

当我把房屋署一位想举报该署腐败情况的官员的案子反映给廉政公署时，我觉得我的担心得到了证实。我认出了与我们谈话的那个警员正是我长期以来一直怀疑有贪污受贿问题的人之一。房屋署的那位原控告人也痛苦地认识到了这一点，因为在他举报后不久，他就遭到了毒打。我就这个案子提出了控告，最后，那个警官（英国人）被调离了廉政公署。

我发现，与视我为敌人的警察不同的是，廉政公署表现了合作的态度。有时，他们邀我到他们的办公室去交换看法。我对廉政公署的架构的最强烈的保留意见是，虽然它名义上是"独立"的（廉政公署的英文名称的第一个词是"独立的"——译者注），但它在执法权力方面绝不是独立的。虽然该署的官员可以独立调查案件，但他们却没有权力决定起诉。这是一个严重的缺陷，因为律政署的起诉科是恶名昭著的腐败部门。只要给他们一定数额的钱，他们就能以没有足够证据提出起诉为理由把最大的罪犯放掉。他们还能够——而且他们也确实经常这样做——把付钱给他们的罪犯的罪证淡化，使他们获得较轻的刑罚。事实上，他们简直就是法官，因为他们手中掌握着证据，想让被告被判什么刑就拿出什么样的证据来。让律政署对是否起诉廉政公署调查的案子具有最后决定权，这就等于否定了廉署努力要做的事情。多年来，我一直反对这项政策，但它至今还没有取消，尽管——幸运的是——律政署的那些贪官看来都被清除了或者退休了。

有一次我到廉署拜访时提到我所认为的该署的重要缺陷，即它没有独立起诉权。我与之交谈的那位官员也同意我的看法，说他们起诉一些非常严重的案子时由于律政署的否认而遇到困难。他提到，他们曾调查过一位层级很高的英籍警官，并发现他有贪污受贿的问题，可是起诉科却拒绝起诉他。感到沮丧的廉署向伦敦提出诉求，最终那名警官受到了审判并被认定有罪。香港政府提出的论点是，把这么大的权力放在一个部门——也就是廉政公署——手中是危险的。这个论点有一定的道理。然而，他们最好是先把律政署清理一下，然后再把这么大的权力交给腐败的起诉科，因为一些最腐败的人物利用这个漏洞逃脱了惩罚。我向姬达爵士提到了一个这样的案例。谁都知道这个人有严重的贪污受贿问题，但姬达爵士提醒我说，他没有权力起诉，而且，尽管我提及的那个人受到怀疑，但他实际上已经退休并离开了香港。

最近，一位研究人员问我，英籍公务员似乎很少受到起诉，这是为什么？他们是否享有特权？对这个问题，我只能回答"是"，并解释说，从一开始，香港的殖民制度就给予英国人，偶尔也给他们的中国富豪朋友治外法权。给予这种权利的目的原本是保护居住在中国根据条约所开放的口岸的英国公民不受一个世纪以前比较严苛的中国法律的制裁。看来，这种权利被滥用了，直至今天，仍有人抱怨在决定不起诉方面，甚至在某些法院的判刑方面，欧洲人都受到偏袒。然而，我肯定，直至1997年殖民时代终结，司法部门都会否认这一点。

廉署的另一个缺陷是无权处置三合会分子，而三合会分子是公务员，尤其是警察的主要中间人。廉署只能处理它可以证明有人收受钱财的那些案子。有些被廉署逮住之后因受贿而被炒了鱿鱼的警员成了三合会的战友，到色情和赌博场所去工作，甚至自己经营这样的场所。还有些这样的人充当打手，保护色情赌博场所或夜总会不受敌对帮派的袭击。据查明，甚至有些仍在服役的警员表面上趁休班时间在夜总会消遣，但却替夜总会的老板开过枪。透过这些关系，三合会分子很容易把钱交给警察，而由于三合会罪行属于警察的处理范围，廉署根本没有办法防止透过这个渠道发生的贪污受贿现象。我在担任市政局议员的那些年里，一直推动扩大廉署的管辖范围，使它能抑制三合会活动的建议，但是，政府始终拒绝这一要求。他们为拒绝该要求提出的借口是这会"损害警察的士气"。我的论点恰恰相反，认为这会提高我们对警察的尊重，而且，我相信任何诚实正直的警察都会同意我的这种看法。我只是怀疑这会使那些利用三合会的腐败的警察坐卧不宁。

在廉署成立之前的那些腐败的年月，一位原与警察有关系的女士来到我的办公室，对我讲了这个与三合会有关的系统是如何运作的。在那些年月，要想使一位资深警官推荐某个下属升职，得要拿出大笔钱来贿赂他。希望升职但却没有钱行贿的警员就会向本区的一个三合会帮派借贷。该区的色情赌博场所越多，为升职而索要的价码越高。这位女士有一份在旺角和湾仔等色情赌博场所最多的地区内谋求升职所要支付的贿赂的价目表。那个得到金钱用于行贿从而换得升职的警员日后就有义务保护三合会帮派免受法律制裁。这显然是实情，因为当时职级比较高的警察是最坏的，而诚实正直的警察往往升不了职，甚至还会被炒鱿鱼。任何举报了该区内的三合会活动的人随后都会变成受害者，因为警察会预先警告三合会分子，某人举报了他们。我记得有一个人举报了他所居住的油麻地某小区的贩毒活动，那个小区以贪污受贿问题严重而著称。没过多久，三合会分子就到了他家，把他痛打一顿。我看到过他被殴后的情况。他被打得鼻青脸肿。他抱怨说，警察把举报三合会的人的姓名住址告诉了那些三合会分子，但他要求我不要就此案采取行动，因为警察显然会保护三合会分子，而不是保护举报的人。我自己就遇到过这样的事。我反映的是一个并不严重的案子，是一位女房东对她的房客采取的三合会行径。警察想必把我的姓名告知了她，因为她来到我的办公室，责怪我向警察报告了这件事。

事实上，三合会同警察之间的关系非常密切，因此这两个问题在法律上应当由一个部门来处理，即由廉署来处理。直到今天我仍然确信，除非由某个警察以外的机构，最好是廉署来处理三合会问题，否则贪污受贿问题是不能根除的，因为贪污受贿同三合会之间的联系是如此紧密，许多警员都同三合会有关系，警察能否成功地处理三合会问题是值得怀疑的。即便如此，现在的情况也远不像以前那些腐败的年月那样严重了，有些三合会帮派已被绳之以法。

20世纪70年代末，大批警察因在油麻地水果批发市场的经营中犯有贪污罪而受到检控，至此，三合会同警察之间的关系被清楚地曝了光。那个批发市场中贪污受贿行为非常猖獗，这是尽人皆知的。该批发市场由三合会控制，他们用大笔钱贿赂警察，让他们对那里的情况置若罔闻。遭廉署逮捕后，许多下级警员被定了罪，关进了监狱，但他们的证据显示，大概很快就得逮捕警察中的一些高层人员。后来发生了完全意想不到的事情。大批警察闯进廉署的一些办公室，开始殴打廉署人员，往玻璃窗上扔花盆。我有一位熟人，他在我的家乡小镇当过侦探，后来到香港加入了廉政公署。他告诉我，这次袭击事件发生在他到香港刚一周的时候，当时他被左推右搡。他说，他本来可以指认出他看见参与那次事件的每一个警员，但认人程序根本没有进行，因为总督被迫宣布了赦免。另一位朋友当时是立法局议员，他对我说，警察曾威胁要同三合会联手，除非停止捕人和赦免警察，否则警察将举行得到三合会支持的统一哗变。总督的屈服让我感到失望，但他显然没有选择。如果警察哗变，法律与秩序就会彻底崩溃。我相信，这次赦免大大削弱了廉政公署的效能，因为它证明三合会的关系多么广泛，贪污受贿的警察为保护他们参与的非法勾当什么事情都能干出来。

廉政公署本身也有一些贪污受贿的案例，但是看来廉署对自己的人绝不手软，有些人遭到了解职或检控。所以可以说廉署的工作还是不错的。与此同时，普通百姓也不再每次领取牌照或需要政府官员做事都因索贿而苦恼了。这个毒瘤受到了控制，对此，我们大家都谢天谢地。如今，我同的士司机交谈时，他们都说，从前使他们烦恼不堪的贪污索贿的行为已经不复存在，他们对此感激之至。廉政公署为诚实正直的人提供支持，而且我打内心里相信绝大多数人是诚实正直的。现在的警察受教育程度提高了，办案效率提高了，同时待遇也比以前好了。我现在倒是希望能采取行动，防止警察因嗜赌而债台高筑，因为已有许多警员为此而自杀了。如果任何欠下赌债的警员能得到一次改过的机会，如果他不改就解他的职，我想情况就会好一些。一旦警察变得嗜赌成癖，那他们就不可能不贪污受贿或者不同三合会搅在一起。

法治需要纪律部队的诚实正直。

第15章

香港的民主

我在1951年来到香港时，这里的政局真让我震惊。说句公道话，第二次世界大战结束后大批人从中国内地拥来香港，的确给殖民政府造成沉重的压力。成千上万的人露宿街头，睡在用纸板搭建的小棚子里，或者在山坡的寮屋内。成千上万的儿童没有受教育的机会，医疗几近阙如，社会福利差不多完全依靠国际福利机构捐助的干粮。政府解决这些问题的速度十分缓慢。工人为赚取微薄的工资，每天需工作16小时，每周工作七天。大多数工人都是按天领取工钱的，请一天病假就意味着失去一天工钱，因为法律是不保护工人的。

使那年月令人震惊的局势雪上加霜的是日益严重的贪污问题。在物资供不应求的情况下，就会滋生贪污受贿之风，而在香港，这种风气可谓大行其道。要注册一所学校，要获得某种牌照，要在医院里得到照料，要找到一份工作，要取得一份入住一套新房的许可证，要邮寄个包裹，等等，等等，不一而足，所有这一切都意味着要给某人塞钱，这样他才能去履行他的职责，而实际上，他已经为履行这些职责领取了薪水。

不久我就看清楚了：长期遭受苦难的民众需要在立法机构中有一位代表，来就这些非法行径仗义执言。以个人身份站出来讲话无异于引火烧身，因为《拘留和递解条例》可能被用于任何胆敢抱怨的人。根据这项条例，可以把任何人送上法庭并控以警员想杜撰的任何罪名，而在受审时，他不能带证人，甚至不能请律师为自己辩护。我本人就处理过十几个这类案子。在这些案子中，被告的亲属告诉我，他们在狱中绝食抗议对他们的非法检控和监禁。每个案子的被告都曾举报过贩毒和贪污受贿等非法活动，而人们对这个法庭的恐惧则是警察用来进行掩饰、不对真正的犯罪活动采取行动的一个途径。一些警察收取贿赂就是要保护这些真正的犯罪活动。

到了1966年，局势已变得如此糟糕，以至我决定到伦敦去向英国议员们游说，希望能争取到一点点民主，即争取在立法局中能有一两位民选议员替老百姓说话。这希望落了空。我发现，对香港有所了解或有兴趣的议员实在太少了。有些议员以为香港拥有与英国类似的民主制度，而不了解立法局中没有一名议员是民选的。甚至连外交及联邦事务大臣——一位叫李辉德（Frederick Lee）的友善的老头——也对香港一无所知。我在英国待了几个星期，每个工作日都去游说，在做了这一切之后，我了解到：香港是不可能实行民主变革的，因为1966年看来距离1997年租期结束已经太近了，无法实行这样的变革。现在看来，有人到了1992年，即在距租期结束只有五年的时候，提出实行这种变革的建议，这实在好笑。

事实上，当英国对香港的租借到1997年就要终止的消息最终爆出时，香港突然冒出一类新的政客，其中有些人与美国有着紧密的联系。这些新政客自称民主派，然而，他们对我刚刚描述过的那个时期的所有非法勾当、不公正现象和贪污受贿活动却不置一词。我认为，若说他们是反中积极分子而不是什么民主派，那不会是不公平的。

后来便开始了延长香港殖民统治之寿命的种种努力。第一个这样的努力是英国外交部在20世纪80年代初同香港的政客们一起讨论的。实质上，这个计划就是使英国对香港的治理再延续30年，而在1997年到来时只在这里升起中国国旗。这个意见是胎死腹中了。另一项努力是首相撒切尔夫人在取得了福克兰群岛（即马尔维纳斯群岛，英国称"福克兰群岛"——编者注）之战的"胜利"之后不久提议的。当时她向香港人民保证，她将设法宣称，当初香港和九龙是"永久"割让给英国的。看来她忘记了这样一个事实：这个所谓的殖民地根本不是"割让"的，而是在枪口威胁下偷来的。她就这个问题发表的讲话使香港公众感到愕然。股市暴跌，港元也骤降，只好和美元挂钩，以防止进一步贬值。最后，英国同意香港于1997年回归中国，两国并于1984年签署了联合声明。所有人都没有料到的是，在中国治理下，香港人民享受到了比英国人统治下更为民主的制度。中国政府后来成立了一个叫作"基本法咨询委员会"的机构，以听取香港人民对于未来政治变革的意见。我是这个委员会的委员，我知道香港委员表达的大多数意见都被接受了，并且在起草《基本法》时用上了。英国也提出了一些意见，从两国政府交换的信件中可以清楚地看出，英国提出的大多数建议也都写进了《基本法》。

那几年中，直至1992年，香港有过两位总督，即尤德爵士（Sir Edward Youde）和卫奕信（David Wilson）爵士。像他们的前任麦理浩爵士一样，这两位总督都很了解中国，当时出现的主要问题是财政方面的，例如在没有同中方磋商的情况下开始兴建一些基础设施项目，而这是违反双方协议的，协议规定任何跨"九七"的项目都应当由双方来讨论。然而，本着善意和谅解，所有这些问题本来都可以解决，如果不是在1992年出乎意料地更换了总督的话。当时人们都认为，卫奕信爵士理所当然地将成为末代港督，但是，在他的第一个任期于1992年届满时，他突然接到其职位将被接替的通知。许多香港人都认为这是一个错误，有些人还在立法局中表示了不赞成的态度，只有新的"民主派"同意更换他。

事后看来，实施这些计划的目的显然是提供一个新的途径，使英国商界能继续控制香港。我所经历的一件事可以证明我的这一猜测：一位权势很大的英国富豪曾找过我，说他不同意把香港交还给中国，他想知道我是否支持一项阻止香港回归的计划，因为我很受民众的敬重，可能会有某些影响力。这是这位富豪首次与我交谈，但他本来应当知道，尽管我是英国人，但我骨子里不是殖民者。我拒绝同任何这样的计划有任何瓜葛。显然，我不会是唯一被以这种方式找过的人，而且，我相信他会在那些自我标榜的"民主派"那里得到支持。众所周知，这些"民主派"中有些人是主张完全独立的。

在1992年的英国选举中，彭定康为保守党的胜利出了大力，有时还会使用一些我认为并不符合道德的手段，因为后来有位反对党候选人控告他诽谤。然而，他失去了他自己在巴斯的席位。他是首相梅杰的密友，曾帮助他把撒切尔夫人赶下了首相职位。于是，梅杰便挑选彭定康为香港的下一任总督。人们普遍认为，这项任命是对彭定康失掉自己席位的安慰奖。大多数香港人都不愿意要一个失败的政客来当他们的总督。此人对亚洲人毫无了解，动不动就用他那三寸不烂之舌来攻击他不喜欢的人。然而，新的"民主派"却似乎对任命英国首相的朋友、一个在英国国内自己的选区内被选民所唾弃的议员担任港督没有什么反感。该派的两名成员立即飞往伦敦，而且，有史以来第一次，两位香港立法局议员被邀请到唐宁街10号。梅杰、彭定康、香港来的那两个人，可能还有其他人在一起谈论了什么，局外人不得而知。如果让我冒昧地猜上一猜，我相信，在那次会议上制订了后来所称的"彭定康一揽子方案"的计划。不错，彭定康1992年7月来到香港的时候，他已经知道要用什么办法来破坏香港《基本法》了。从他与不同政治人物的谈话中可以清楚地看出，他打算改变市政局、区议会以及行政局和立法局的结构，而这是违反已在北京通过并将在1997年香港回归时生效的香港特别行政区《基本法》的。他一再宣称他在倾听所有人的观点，但他没有提到的是，听虽要听，但除了他自己的意见以外，他并不打算采纳任何人的意见。人们向他提出了成千上万的修正案，但他连一条也没采纳。

按照惯例，香港总督要就对双方都很重要的问题与中国沟通，例如1995年立法局的组成问题，因为原先是打算让这个立法局搭乘"直通车"，从1995年过渡到1999年的。显而易见，这样一个重要的问题是需要双方同意的。然而，港督彭定康只是在即将向公众提出他的一揽子方案的时候向中国通报了他打算怎样做，根本不管中国同意与否。在崇拜他的人看来，他可能是具有魅力的，但在那些被他视为低他一等的人看来，他相当粗野，简直是一个种族主义分子。有好几次，当中国人不同意他的观点的时候，他称他们为"不文明"的人。他对中国领导人的诡诈的讥讽并没有逃过港澳办主任鲁平的注意，因为鲁平是一位颇有教养的人，英语功底极佳。他很好地回敬了他，不过用的是中国人的更有教养的语言，称彭定康为"千古罪人"。

大多数香港人本来希望和平过渡，但彭定康把它变成了激烈的对抗，以至于1995年成立的立法局无法实现其在1997年过渡的计划。后来成立了一个任期一年的临时立法会，使《基本法》重回轨道，这样就延宕了民主计划的实施，造成了激烈的争执，政党之间的这种争执至今仍未平息。彭定康集团千方百计地为临时立法会设置障碍，威胁说，如果他们在香港开会就会逮捕他们，并控以"非法集会"的罪名。彭定康控制了一些报章，而有些新闻从业人员热衷于歪曲整个事件，向世人发布错误消息。有些议员竭尽全力保全平稳过渡的计划，在1994年曾力图通过一项对彭定康方案的修正案，以实现这一目标。据彭定康的秘书形容，那时港督府变得"活像一个党魁办公室"，竭力拉拢一些议员来击败这项修正案。作为女王代表的港督通常是不参与当地政党政治的，但这并没有妨碍彭定康利用许诺、心理恐吓以及他想采用的任何其他办法来争取他的方案被通过。这故事是曾在总督家做客的乔纳森·丁布尔比（Jonathan Dimbleby）在彭定康家中写下的《香港末代总督彭定康》一书中记述的。尽管作者是彭定康的朋友，但书中却没有说他多少好话。当时香港最大的英国财团的代表以及法律界的代表被施加了巨大的压力，而他们两人本来都是打算支持修正案的。到最后，这两个人都投了弃权票，而最终投票结果显示该修正案仅以一票之差未能获得通过。另有三票除了为彭定康赢得胜利之外没有任何价值。那是三名资深公务员的强制性选票，他们除了支持总督以外别无选择。一位在最后一刻被彭定康"说服"而支持了他的议员称之为"代价惨重的胜利"。实际上也的确如此，因为它未能达到原本要达到的目的，也就是使英国商界在本地"民主派"的支持下操控这里的一切。现在，这些"民主派"竟厚颜无耻地说这个制度是偏袒"亲中派"的，他们把任何不同意他们意见的人都称为"亲中派"。

我相信，派港督彭定康来治理香港是英国大企业为保持对香港的控制权所做的最后一次努力。但这一努力失败了。如今，"一国两制"的概念实施得很成功。不过，结束香港的殖民统治本来是值得高兴的事，可是却有人极力破坏，这件事至今仍让人感到有些不快，而那些试图破坏《基本法》的人仍在继续奋斗，他们可能希望有朝一日能通过这种奋斗使他们的党派登上权力的宝座。香港必须警惕任何外来势力进行干涉的企图。香港完全有能力处理自己的事务，别人也应当让它来处理自己的事务。

第 16 章

循序渐进的民主

民主应当以演进的方式实现，还是应当以革命的方式实现，这是可以争论的。我相信，答案取决于现实环境，而且，不是每一个国家或社会都适用同一种制度。

当任何国家的人民的命运落得如此凄惨，以至于他们看不到自己的政府会采取措施遏制不公正或改变压迫政策的希望的时候，就会出现革命的危险，而革命实际上可能是人民唯一的希望。但是，历史证明，革命未必能带来改善。它往往会带来更多的苦难，有可能产生一种新的独裁统治。然而，当人民看到他们的政府正在采取步骤减轻他们的苦难，改善他们的生计的时候，循序渐进地走向民主更有可能带来一个稳定的政府，使民众感到满意。现代国际交往应当使每一个政府都懂得这样一个道理：使民众感到满意对于政府的持续存在是至关重要的。在英国，透过分阶段的民主走向社会主义的做法被称为费边主义，这个名称来自一位名叫费边的罗马将军，他在与汉尼拔的战争中，笃信克敌制胜靠的是逐步削弱敌方的军队。在政治范畴内，我们必须战胜的敌人是贫穷，政府的缺乏效率、不平等、不公正、营私舞弊以及贪污腐败。

在香港，英国殖民政府是相当聪明的。他们培植了一批本地的上流人，为他们提供良好的工作条件，从而就造就了一支与英国的公务员队伍相似的忠诚的公务员队伍。表面上看，这是一个建立在法治基础上的有效的系统，但是，由于立法机构中没有代表人民的声音，从而在公务员队伍中产生了许多贪污受贿和营私舞弊的机会。归根到底，正是第二次世界大战结束后出现的贪污受贿与营私舞弊才使动乱愈演愈烈，及至20世纪60年代，哪怕是一点微不足道的刺激都会使普遍的不满以骚乱和动乱的形式表现出来。

上文中曾提到，麦理浩总督在20世纪70年代采取了一些步骤来处理社会问题和抑制贪污受贿现象，从而使骚乱和动乱得以减少。在实行了130多年的殖民统治之后，香港没有采取任何民主步骤，人民在立法局中没有一位民选议员为他们讲话。麦理浩发现，发生动乱的原因之一是，政府同草根阶层的民众之间没有沟通的管道。为建立有效的沟通，麦理浩在各区成立了区议会，区议会中有一些民选议员就本区的需要向政府提供咨询，并反映民众的诉求。区议会的议员有一些是委任的，有一些是民选的。尽管他们无权通过法律或制定政策，但政府有时候会采纳他们的建议。这是朝着正确方向迈出的一步。但是，最终这些议员不可避免地会要争取做些事情的权力，而不仅仅充当提供咨询的角色，并且无法确保他们的建议能被付诸实行。

继宣布香港将于1997年回归中国后，少数反华分子便粉墨登场了。这时，在1985年，采取了一个更加重要的步骤。政治舞台上的这些新面孔在殖民制度下从未要求过民主，也从未反对过贪污腐败及由此而产生的不公正现象。起初，他们表示希望香港成为一个独立于中国的像新加坡那样的城市国家。但是，当他们发现根本没有这种可能之后，他们便开始支持英国的建议，即在1997年之后让香港再由英国治理30年，仅以更换旗帜作为回归的象征。他们的观点居少数，所以他们再次失败了。后来，他们的声音就变得刺耳起来，他们诋毁的矛头也就针对起认为香港回归中国既是可以接受的也是不可避免的那些人士。有一次，在立法局内，他们的一名核心成员竟然如此过分，以至于把那些温和派称为"赤色猪猡"。人们可以想见，有朝一日他们在香港当了政，他们会成为什么样的"民主派"。

　　1985年的政制改革给了香港一种新制度，即"功能组别"制度。立法局将有56席，其中的22席属于政府委任的人，10席属于政府官员，12席由功能组别选出，12席由选举团选出。这一安排确保了政府始终处于控制地位，因为官员们在所有问题上都必须按照政府的立场投票，同时也期望委任议员这样做。人们普遍认为，如果某位委任议员不支持政府，那就不会让他连任。除了在彭定康时代，一位委任议员不支持政府的立场那是很不寻常的。功能组别由商会、工会以及教师、律师和建筑师等专业人士组成。选举团席位则是留给区议会选出的议员的。这些议员是唯一可能为草根阶层说话的议员，尽管并不是所有这些议员都这样做。

政府在提出1985年政制改革的建议时说，一项调查显示，对直接选举的支持度非常低，"迅速地朝直选的方向发展可能危及香港未来的稳定和繁荣"。这可能是实情，但是英国政客总是以"如果在香港实行民主，'中国不会喜欢'"作为借口。事实上，根据我的记忆，中国只反对任何独立运动，就像在澳门和台湾的问题上所做的那样。这两个地区都实行了一定程度的立法机构直选。事实上，当弗兰克·胡利（Frank Hooley）在议会中向负责香港事务的大臣埃文·卢亚德（Evan Luard）问起中国是否曾反对在香港实行民主选举的时候，卢亚德的回答是"没有"。具有讽刺意味的是，1992年，英国突然改变了方针，试图在1997年之前仓促实行直选，而不顾这样做所引起的同中国之间的裂隙以及在回归的关键时刻香港发生不稳定的可能性。政府在1985年曾许诺1988年实行进一步的改革。

尽管英国人曾许诺在1988年实行进一步的改革，他们仍然找到了拖延的借口，声称大多数人都反对在1988年实行直选，还说1985年的改革尚未来得及表明在现有立法局任期届满之前应当如何改组立法局。结果，1988年的改革是微乎其微的。委任议员减少了两名，功能组别的议员增加了两名，没有直选产生的议员。当时政府说："民主应当是演进性的，而不是革命性的，改革必须符合将在1990年起草完毕的《基本法》。"当时许诺在1991年实行直选。应当再次指出的是，梅杰首相和他的朋友彭定康把持下的英国政府1990年在需要符合中国即将颁布的有关回归后的香港《基本法》方面来了个180度大转弯。

1991年，香港政府按时拿出了18个席位供直接选举，拿出21个席位给功能组别。委任议员的数目减少到了17个，政府官员的席位减少到4个，使立法局的总席位达到60个。此外还成立了选举团，1985年成立了两个，1988年成立了10个。头两个由两个市政局间接选出的成员组成，另外10个是后来由区议会间接选出的。毫无疑问，成立这些选举团是为了代表他们的组别的观点。显然，后面这个试验不大成功，于是区议会的席位在1991年被取消了。作为替代，允许区议会选出议员参加市政局。直到此时为止，政府显然还是打算按照中国的全国人民代表大会常务委员会在1990年批准的《基本法》办事的。当时的港督是卫奕信爵士，如果他继续担任港督，毫无疑问，一切本来会是很顺利的。一般来说，总督都会得到第二个任期，但是当时很多人都在议论，说一些有影响力的人物对卫奕信爵士不满意，认为他对中国不够强硬。根据后来发生的情况，我非常强烈地怀疑不喜欢卫奕信总督的就是在香港的英国大亨和那些新生的"民主派"。"民主派"的核心组织是由一名律师领导的。此人在一次接受电视采访时承认，他以前忙于赚钱，对民主从来没有兴趣，而在赚够了钱之后，他爱上了民主。在贪污受贿和不公正现象充斥香港社会的那些岁月，他从未提过民主和人权。这个核心组织的其他成员是一些教师和社会工作者，但没有一位女性。可是，媒体从来没有就该派的这一不民主的因素向他们提出过质疑。不仅如此，他们参加立法局（会）已有十多年的时间，可从来没有一位女议员。

　　1992年港督彭定康到香港来接替有经验的港督卫奕信，这是一个相当不幸的事件。彭定康想尽办法把前三任港督为主权的和平移交而做出的努力全部推翻。这位新港督炮制的——大概是在同少数英国商人及在宣布任命新港督后急速赶往伦敦的新"民主派"的两位领导人合谋之下炮制的——计划是彻底歪曲1991年根据《基本法》宣布的选举方案的。事实上，有记载证明，对1997年前的香港"宪法"（《英皇制诰》）做出的修订甚至在拿到香港立法局进行辩论之前就已经被女王签署成为法律了。1993年7月13日，女王已经签署了英国外交大臣赫德和中国外长钱其琛之间达成的简要安排。其中说：

香港

承蒙天恩，女王、英联邦首脑、信仰的卫护者伊丽莎白二世，谨以大不列颠及北爱尔兰联合王国和我们其他领土与属地的名义。

《英皇制诰》第3（1）VI（1）段已被废止，由以下新段落取代（1）：

将在该殖民地建立一个立法局，该立法局由六十名合乎资格并根据在该殖民地实施的有关法律选出的议员组成，其中

（a）二十名系由地方选区选出

（b）三十名系由功能组别选出

（c）十名系由选举委员会选出

既然女王业已批准了1995年的选举形式，再在1994年6月把这些建议提交立法局讨论以及允许辩论刘慧卿提出的关于立法局议员

全部由选举产生的动议，那就是一场闹剧。

彭定康必须想办法绕过这个"宪法"，来做出满足那些要求修订《基本法》的人的样子。上面引述的经女王签署的"宪法"是体现了《基本法》的[①]。

根据《基本法》，为了跨过1997年直至1999年的下次选举，1995年的立法局需要设立30个功能组别议员、20名直选议员以及10名由选举委员会选出的议员。这个选举委员会由800名成员组成，这些人本身是由各自机构选出来参加选举委员会的。更有甚者，尽管彭定康要到10月份才公布他的方案，但他到港后却没有去拜会中国政府的官员或者同他们讨论他的方案。这未免太过失礼了。看得出，中国政府官员只是在彭定康1992年10月发表他的爆炸性讲话的一两天之前才在一次偶然见面时听一位英国官员说到他的方案的。

媒体（主要是支持殖民者的或反对中国的媒体）没有公开报道的一个狡诈的伎俩是：根据英国为香港制定的"宪法"（《英皇制诰》），总督在提出任何新法律之前，应当先向行政局（相当于内阁）咨询。彭定康在处理这个问题时再一次歪曲了事实。他向行政局首席非官守议员提议（这是我亲耳听行政局成员说的），最好是所有行政局成员主动辞职，使新总督能自己挑选内阁。这位首席非官守议员，即邓莲如女士（现在是英国上院议员），按照他的意思向行政局提出这样的建议：出于礼貌，他们应当请辞，尽管我相信

---

① 值得指出的是，英国人仍然称香港为"殖民地"（colony），而香港早就不用这个词了，他们用的是"属地"（territory）这个词。——作者注

一名新港督进行这样的内阁变动，还是第一次。行政局成员们相信他们中的大多数人——如果不是所有人的话——都会重新获得任命，所以所有人都递交了辞呈。总督对他们说，他会考虑是否接受他们的请辞。但是，彭定康直到他预定就政制改革方案发表讲话的前一天才逐个打电话给行政局成员，告诉他们他接受他们所有人的请辞，只有邓莲如女士除外。至于邓莲如是否知道会发生这样的事，人们不得而知，但是，在她的一些同事看来，她对他们耍了花招。就我个人而言，我宁愿相信是她自己被彭定康耍弄了，但真相如何至今仍是一个谜。结果，彭定康提出了违反《英皇制诰》的政制改革方案。根据《英皇制诰》，如果他不经咨询内阁而提出法律，那就必须说明理由。他没有正式同行政局成员们讨论过这个问题，只是同他们个别交谈过，发现他们中有些人是不同意这种违反《基本法》的做法的。公开宣布政制改革方案的第二天，彭定康任命了主要由支持他的观点的成员组成的新内阁。当我问及他为什么违反《英皇制诰》，不同内阁磋商就公布他的观点时，他以地地道道的彭定康式的狡诈回答说："当时我没有内阁。"事实上，是他自己安排好在他宣布方案时，内阁已经被解散的。这种花招是他担任总督期间的行事特征，不论是与香港人民打交道还是与中国政府打交道都是如此。后来，行政局和立法局的空缺席位也都是由支持彭定康的人填补的。

彭定康在1992年10月宣布其政改方案时强调，这个方案只是建议，他愿意倾听任何其他观点以及修正建议。事实上，成千上万的香港居民提出了修正建议，中国政府也提出了强烈的抗议，指出如果他不按《基本法》办事，平稳过渡是不可能的。在反对彭定康的人看来——不管这种看法是对是错——他所做的许诺的意思也就是这样，即只"听"不做，因为到最后没有一条修正建议被包括在1994年提交立法局的法案中，尽管公众提出的数千条修正建议印了厚厚的两大本。这个法案与两年前即彭定康上任的那一年最初宣布时完全一样。

　　彭定康的方案在好几个方面都违反了《基本法》，但最明显的违反《基本法》之处是对功能组别和选举委员会做出的改变。这些改变值得说一说，因为做出这些改变的目的显然是使立法局主要由亲英分子也可以说反中分子组成。功能组别最初是在1985年由英国殖民政府实施的，其目的是保护某些群体的利益，如商界人士和专业人士等。彭定康提出的制度是，每个从业人员，不论他对该行业有多少专业知识，都可参加投票。例如，在纺织组别中，东主、经理、熟练工人和非熟练工人、扫地工、电话接线生、货车司机、更夫，也就是说，不论以什么身份在这个行业内工作的人，全都有权投票来决定谁在立法局中代表纺织业的利益。好笑至极的是服务功能组别。参加这个组别投票的人包括公务员以及从事任何种类服务的人，直至家庭佣工。人们简直无法想象什么人能代表这个组别所涉及的所有利益。根据合约居住在香港的海外家庭佣工可以投两票，一是在地域选区内投票，一是在服务业功能组别内投票，而其雇主（香港永久居民）却只能在其选区内投一次票。立法局中的一位英籍议员曾公开嘲弄过彭定康的功能组别建议，并说他不会支持其政改方案中的这个部分。然而，在人们看到他经常去见港督之后，到了在立法局中最后举行辩论时，他违背本选区成员的明确指示，投票支持了整个方案。他知道这样做会在下一次选举中失去他们的支持，但他用不着担心，因为在举行下一次选举时，他已被彭定康擢升为内阁即行政局成员了。

如上所述，对《基本法》的另一处公然歪曲是在选举委员会的组成方面。这个委员会要在1995年负责选出10名立法局成员。在这个问题上，《基本法》说得很清楚，即该委员会由四个部分、每个部分200人组成，总共800人。这四个部分将代表全体香港人的利益：工商和金融界；劳工、社会服务和宗教等界；专业界；为香港和中国的机构及委员会服务的政治团体的成员。选举委员会事实上将涵盖香港的几乎每一个人，因为这四个部分的成员本身是被选举出来参加选举委员会的。不知彭定康是智慧过人还是缺乏智慧，他把这个委员会降格为一个只由区议会议员组成的选举委员会，给他们一个极好的机会去瓜分那10个席位。事实上，在他宣布政改方案的那一天，我在立法局大楼内碰巧与一些"民主派"同乘一部电梯。他们在计算自己可以从该政改方案的这一部分中捞到多少席位时不由得开怀大笑，因为他们同区议会议员有着密切的关系。然而，先前抱怨小的选举团体会提供拉拢选民的机会的正是彭定康本人。如果说何时有过"小圈子选举"的话，那就是彭定康和他的朋友们在他们为1995年选举而成立的选举委员会内安排的那次选举。无论是彭定康还是他的"民主派"朋友都不反对小圈子选举，只要他们有可能成为赢家。在"民主派"的据点所在的区内，他们让自己的社工人员透过请客吃饭、提供廉价旅游票（有时是非法的）

以及其他小恩小惠来赢得少数人的支持，同时，他们让一些年长者——其中有不少人是文盲——去登记做选民，支持"民主派"。我自己的工作是帮助任何一个区内的任何人，但是，我的原则是绝不要求任何人登记做选民来支持我，因为那是一种贿选行径，事实上是买选票。大多数支持我的人都不住在我这个区，因为我相信，一个立法局议员应当对全社会中的每一个人负责，而不是只对那些会把他们的选票投给任何特定候选人的人负责。许多人自愿来协助我的工作，但他们都不属于任何派别。他们是有良知的人，他们帮助别人，但不图回报或扬名。从事这项工作多年的人之一，一位华人女士，于2000年圣诞节从她在美国的新家给我写了一封信，信中的一些话值得引述：

　　我怎能忘记在会见市民办事处与你，与肖恩、米丽、刘先生、凯瑟琳修女等人一道工作的日子呢？我真的喜欢那些日子，因为每个人都竭力要帮助他人。看到如今这些政客，我简直感到恶心。他们在为香港做什么？

　　这些志愿者有着许多不同的民族背景，但他们都有一颗同情穷苦人或那些遭受任何不公正的人的心灵。不仅如此，经验告诉我们哪些方面的政策需要修改，这使我拥有充足的理据去争取立法局对法律和政策进行修订。我相信，这个办法要比举着横幅上街游行、挥舞拳头及呼喊口号更容易取得成功。

　　彭定康提出政改方案的意图是使他中意的政客的选票成倍地增

加，这些人以后会支持他的政治目的。但是，他们实际上并没有捞到太多的东西。对投票感兴趣的人不多，政制改革被弄得很复杂，许多人也不大关心自己是否可以多投几票。彭定康为他的支持者多弄到几票，但没有他期望的那样多。他只是透过施压、欺骗外加利用立法局中不得不表示支持的三名公务员的官方选票才通过了他的政改方案。不仅如此，他的支持者的任期都很短，因为根据彭定康在1994年强行通过的改革，《基本法》不能适用，因而立法局顺利跨过1997年的安排被破坏了。中国立即决定成立临时立法会，并给它一年时间使《基本法》重新发挥应有的作用。正如中国所许诺过的，1998年根据《基本法》的规定举行了新的选举。2000年，再次根据该法（附件二）举行了选举。在那次选举中，"民主派"失去了许多席位，大概是因为选民们意识到，事实已经证明，那一派所做的悲观预测只是虚惊一场。在2000年的选举中，增加了四个席位，四个由选举委员会选举的席位被取消了，这是《基本法》中许诺的。人们开始意识到，中国恪守着"一国两制"的承诺，选举就是按照1990年做出的承诺进行的。

下一次选举将在2004年举行，届时，剩余的六个由选举委员会选举的席位将也取消，直选席位将增加六席。到那时，立法会将有60位成员，其中一半为直选，另一半由功能组别选出。这个立法会将运作至2007年，到那时将决定香港立法会是否全部由选举产生。这最后的一步现时还难以预测。就我个人而言，我认为，这一步将取决于那些纯粹以反对香港政府所做的一切、中国政府所说的一切为己任的人是否还是只能通过寻衅捣乱来体现他们的价值。那种只懂得反对的人,其成熟的程度不足以组成一个可信的、懂得如何做出合理的和无偏见的决定的立法机构。立法会议员必须能证明自己对香港的忠诚,不要像为外国战争贩子——例如那些轰炸了他们国家在贝尔格莱德的大使馆的战争贩子——所干的坏事辩护的辩护士那样讲话。他们必须接受"一国两制"的概念,这个概念正是香港自治的基础。他们必须不再天真得会去相信普选是包医百病的灵丹妙药。只要看一看像菲律宾这样的邻国的情况,就可以明白选举产生的领导人可能是独裁、贪婪和腐败的,人民选出了他们却得不到任何好处。世界各地的选举变得越来越像选美了,或者变成一个谁花在巡回竞选上的钱最多的问题了。香港必须学得更有政治家风度,必须以改善民生为目的。简言之,他们必须把"demos"(人民)这个词放回到"democracy"(民主)之中去,而且要履行这个紧迫的责任。或许香港可以为全世界树立一个关心人民疾苦的民主社会的好榜样。而做到这一点的最保险的办法是一步一步地走,时时注视对人民的影响以及人民得到了什么好处。

第 17 章

1992—1997：香港的过渡时期

我在前面的一章中曾提到，当允许所有登记表示愿意参加投票的成年人进行普选的时候，这个制度只应用于两个市政局和区议会的选举。尽管英国有"民主之母"的美誉，这个殖民大国却继续拒绝所有要求立法局实行选举的建议。但是到了1985年，即在香港被殖民统治将近150年之后，政府却实行了选举制度中的一个过时的要素：选举团和功能组别。我不是说这些制度不好，而是说欧洲已经不再采用了。总共56个席位中，12个由选举团制度选出（10个来自区议会，两个来自市政局）。还有12个由总商会、工会和专业人士等功能团体选出。其余的32席中，有22席是政府委任的，10席是公务员。

在西方眼中，这不是一个民主制度，但是后来对中国做出的任何不符合西方的民主理念的改变都即刻提出谴责的那些人却对这个制度没有任何怨言。在殖民政府进行了一次调查之后，我们被告知，"没有多少人支持直选"，但他们保证在1988年举行的下次选举中将有一些直选席位。我们被告知，目的是循序渐进地、一步一步地实行民主，而这是符合中国在1990年颁布的香港《基本法》的。政府一再重申它的老政策，即排除直选的可能性，以保障香港的稳定和繁荣。人们应当仔细注意这一点，因为到后来，一个多世纪以来一直以"稳定和繁荣"为借口不肯在民主方面向前迈步的殖民政府在最后一刻把这个老政策推翻了。

政府在承诺1988年选举中会有一些直选席位之后，又背弃了这个承诺。他们提出的理由是，从1985年选举到1988年，这个时间不够长，还不能考虑做出任何进一步的改变，最好等到1990年初《基本法》最后确定下来。政府说，它的下一步行动必须以《基本法》为基础。

就我个人而言，我同意这样的看法：一步一步实施的民主总是比突然投入急进的改革（俄罗斯就是突然投入改革导致可悲结果的一个很好的例子）更有可能取得成功。我所不喜欢的是英国在宣称要保持香港的稳定和繁荣以及愿意遵守《基本法》时的那种虚伪，从下一任总督在1992年至1997年这段过渡期内采取的行动中就可以看出这种虚伪。这位总督，即彭定康，竭力要仓促地推行一种违反了《基本法》的几乎每一个宪政条款的制度，这表现出他根本不关心香港的稳定和繁荣。1994年，在距回归只有三年的时候，一向坚持民主应当采取渐进的方式而不是革命的方式的英国政府却用尽了政治典籍中的所有伎俩，强行通过了一项撕毁了以前同中国达成的全部协议的改革方案。要不是中国采取了清醒稳健的行动，英国的这个步骤本来可能破坏香港的稳定的。一小撮支持彭定康的本地人士的目的显然就是要破坏稳定，而英国政府就与他们走到了一起。

考虑到主权即将更迭，香港政府曾在1991年推出一项符合《基本法》的稳健的政治计划。毫无疑问，这项计划对英国政府是合适的，因为它在英国仍然执掌权力的这段时期内继续保持稳定。此外，当时的总督卫奕信是一位温和人士，他显然不愿同北京政府较量，而且他尊重香港的新的《基本法》。据说，正是因为如此，他没有如所预期的那样获得第二个五年任期，亲眼看到香港完成过渡。这是很不幸的事情，因为如果卫奕信继续担任总督，在直到1997年的这五年中，无疑一切都会很顺当的。

1991年，18个立法局议席被确定由选举产生，当时采取的是"得票最多者当选"的投票制度。如所预料，这些席位中有许多都被所谓"民主派"获得。由于1997年已经临近，这些"民主派"突然出现在政治舞台上，而且，他们一直自我标榜为保护人民免受北京迫害的英雄，鼓噪说如不立即实行民主选举，世界末日就会来临。他们就用这样的办法来为自己攫取权力铺路。不过在那次选举中，除了18个选举产生的席位外，21个议席分配给了功能组别，18个给了政府委任的人，3个给了政府官员。选举团被废止了。立法局的这种组成依然确保了政府方面占据多数，而反中派（打着"民主派"的旗号）依然绝不是多数。然而，反中派控制了大多数媒体，而且他们声称他们得到西方的支持，这是我对他们产生反感的一个原因。我认为，西方给中国造成的破坏已经够多了，同时，殖民化在我的心目中一直是罪恶的，是应当感到羞耻的事情。

港督卫奕信在1992年英国刚刚举行过选举后被彭定康所取代。在那次选举中，彭定康失去了他在巴斯的席位，其表面的原因是他把太多的时间花在了为整个保守党竞选上，因而忽略了他自己的选区。后来，两位英国议员告诉我，他失去席位是因为巴斯的选民发现，虽然他同意他们反对征收人头税的立场，但他却为撒切尔夫人起草为征收此税辩解的讲话。我无法证明此事是否属实，但看来这是符合这个人的性格的。作为香港总督，他声称要倾听所有人的意见，但事实上，除了他自己的观点外，他没有接受任何其他意见。

彭定康上场后，他同中国国务院港澳事务办公室之间爆发了一场政治上的口水战，因为他极力推行他自己的政制改革方案，而这个方案是违反中国为香港1997年7月1日的回归所颁布的《基本法》的。当时，彭定康对很多媒体，特别是外国记者都很有影响力。有些外国记者很可能是替中央情报局效力，专事破坏香港和中国的稳定的。他们对前殖民地常常这样干。当时，任何公开主张按《基本法》办事的人都会受到诋毁，而且几乎没有媒体会报道他们的观点，尽管香港《虎报》对发生激烈争论的双方的观点都做了报道——这一争论一直持续到权力交接之时。一份新创建的英文报纸承认，它是专为充当彭定康的喉舌而创办的，直至它在不久后因同这位原总督发生分歧而停刊。此后一份中文报纸被创建了起来，取代它来继续进行宣传。甚至在两位前港督、一位前驻华大使以及几位原熟悉中国情况的英国议员警告说彭定康正在破坏同中国的关系之后，英国媒体总的来说对于任何不是来自彭定康的宣传机器的东西均不表示支持。其实，英国议员中很少有人对他们的前殖民统治地有所了解，因此彭定康说什么他们就信什么。

　　1992年至1997年彭定康当政的那些纷乱的年份对我们这些人来说真是一个糟糕的时期。我们一直在以殖民制度所允许的民主方式真心为民众服务，并有意识地避免对抗政治，为的是在不造成动乱的情况下改善人民的生计。在彭定康时代，我们被驱使来支持亲彭定康的那个党，不然就会被称为"赤色分子"，有一次甚至被称为"赤色猪猡"。我一生都在为了民众的利益同殖民主义的不公正做斗争，但在彭定康时代却有人说我背叛了民主，原因很简单，就是因为我认为他们对民主的解释只是反对中国，认为那是一种在共产主义问题上抱有偏执情绪的美国式的解释。主张人权的人并不一定非得参加某个政党不可，一个政党的名称不会自动地使某个人成为人权斗士。我在前面已经谈到彭定康和他的本地支持者如何透过道义压力、不道德的许诺和恐吓来推行他的改革，从而葬送了人们所盼望的和平过渡。若能实行和平过渡，1995年选出的立法局本来可以跨越关键的1997年，一直工作到1999年。而在此时的情况下，中国不得不为1997年至1998年成立一个临时立法会，使"直通车"重新运行起来。这样做真是太困难了，因为我们这些临时立法会成员不得不到边界的那一边去举行我们的预备会议，以免被殖民政府逮捕并被控以"非法集会"的罪名。彭定康频频制造障碍，使我们每迈进一步都会遇到困难。我们不得不请求一些立法会秘书辞去他们的工作，来协助我们。他们这样做是要冒风险的，因为在1997年6月之后他们未必能恢复原先的工作。这些秘书在困难情况下的忠诚服务是值得褒扬的。他们必须到很远的地方去工作，周末也得在边界的那一边度过，以照顾那些平日需要上班的临时立法委员。不过，全身心的工作克服了种种不利因素，在不到一年的时间内，我们便通过了必要的立法，为1998年安排了一次新的选举。整个那段时间内，媒体不断地批评我们，一小撮感到不满的人骚扰我们，一些决定不参加临时立法会竞选的立法局议员中伤我们。其实，如果他们参加竞选的话，其中有些人肯定会被选上的。我们对《基本法》的每一条都做了仔细的研究，以确保我们所做的一切符合这项法律，而且，我们在全力以赴地完成这项任务的过程中，还交了许多朋友。

我们的决定自然不受"民主派"的欢迎，因为这个问题本来就是他们造成的。不过，我们牢记着公正和人权的原则。我们的对手当然找到了一些瑕疵，即便在没有瑕疵的地方他们也能找到。他们的目标之一便是《公安条例》。显而易见，一些少数团体一有机会就会示威，因为他们把北京视为敌人，但是，我们采取的任何措施都旨在保护公众不受妨碍治安行为的影响，使他们的工作不会被不可接受的行径打乱。

在殖民时代，《公安条例》的确是很严酷的，但这些新政客从未觉得它有什么弊端，因为那时人权并不是他们关注的事情，他们的目的只在于诋毁中国。英国人的《拘留和递解条例》一直实施到1995年。根据这项条例，一个人可以在不加审讯的情况下被无限期拘留和被递解至原籍国。被告不得请律师，也不能传召证人。被告通常是一位试图同贪污受贿或贩毒行为进行斗争的人。这项法律在法典中一直保留到1995年6月，它之所以被废止，几乎肯定是由于香港要回归的缘故，而不是因为它太严酷。反中派从未批评过这个可怕的法律，尽管我同它斗争了许多年。然而，他们却从我们对《公安条例》的解释中找到了瑕疵。在他们看来，我们制定了一个"恶"法，据说这个法律剥夺了他们的自由。事实上，这个法律所要求的只不过是任何打算举行游行或示威的团体都必须提前七天通知警方，而且警方必须答复。与先前的法律相比，唯一的改变是警方必须答复。若没有这一条，那它就和1995年的修订案完全一样了。新条例规定，警方可以反对游行或示威，但他们提出的理由必须符合有关人权问题的各项国际公约，即便是符合这些公约，申请者仍有权就警方的拒绝向一个独立的上诉委员会提出上诉。其实，世界大多数国家，也许澳大利亚除外，都有类似的或者更严厉的条例。事实上，自回归以来，已经举行过6000多起示威，其中只有五起由于某种敏感的政治原因而被断然拒绝。例如，我估计，如果某团体想举行支持台湾"独立"的示威，那就会遭到拒绝，因为那是中国中央政府的事，而不是香港的事。然而，要是有人决意找碴，那他们就会发明一个理由。香港实际上是世界上最自由的城市之一，有人还会说它过于自由了，因为有些示威阻塞繁忙的街道或者进入楼宇内造成混乱，就像有些人在立法会开会期间在立法会大楼内所做的那样，这使公众十分反感。有些要求自由的"民主派"在合法会议期间大叫大嚷，使别人听不清应邀来讲话者的发言。他们的自由变成了别人的没有自由。言论和出版"自由"变成了对他人发号施令和剥夺他人自由与隐私的通行口令。

我最初开始在香港教历史时，当讲到鸦片战争时期的时候，我感到很难堪。我不得不向学生们讲述英国和其他一些国家怎样进攻他们的国家，迫使他们接受鸦片，作为支付这些国家获得的中国货品的钱款。我的学生们有时会很愤怒地问我，我们为什么要对他们的国家做这样的事。我只好解释说，这是完全错误的，我也不赞成我的先辈们的这些行动。现在，我惊讶地发现，从有些政客的举止看，他们好像宁愿接受殖民统治，而且，对于殖民时代已经过去，他们并没有我所有的那种释然的感觉。遗憾的是，回归那天并非事事都令人高兴，尽管绝大多数人显然都很高兴看到香港回归了。人们感到不解的是，如果那些人对以往世界各地的殖民主义的不公正可以视若无睹，却显然只是为了诋毁自己国家而去纠缠一些小事，那他们的真正信仰是什么呢？

"一国两制"是解决香港回归祖国的各种问题的理想途径。迄今为止，它的实施是成功的。为什么有些人这般坚决地要证明它行不通呢？只有他们自己知道为什么。只有他们自己知道他们究竟是为自己的国家好，还是只不过被一些老牌的殖民大国所操纵而已。

第18章

2007年以后香港的前途

《香港特别行政区基本法》附件二第三条谈的是2007年以后的表决程序。这一条是这样说的：

> 二〇〇七年以后香港特别行政区立法会的产生办法和法案、议案的表决程序，如需对本附件的规定进行修改，须经立法会全体议员三分之二多数通过，行政长官同意，并报全国人民代表大会常务委员会备案。

对这一条中的"如需"这个条件，人们一直没有给予多少重视。这一条被广泛地解释成意味着在2007年之后，立法会大概就会全部直选产生了。我看不出这里做了这样的承诺。这可能是渴望在2007年之后成为执政者的那些人的一厢情愿。

我也不认为在政治舞台的目前情势下，极力要求立法机构全面直选是明智之举，除非立法会议员能在激进派与行政部门之间建立一种更具妥协性的和更具政治家风度的关系，因为在一个行政主导的政府内，行政部门具有终极的权力。毕竟，香港不是一个独立的地方，而依旧是中国的一部分，尽管有些立法会议员讲起话来就好像把香港当成一个独立的国家似的。立法会内的多数议员不断发生对抗可能导致这个地方施政的停滞，而这是不符合任何人的利益的。事实上，所有民主制度都只能存在于妥协的基础之上，否则就会在混乱中崩坍。

香港之所以能存在，靠的就是它仅有的两个资产之间的平衡：资本和劳工。如果资本占了上风，工人就会受苦，就连在自称为世界头号民主国家的美国也是这样。如果工人占了上风，经济就可能崩溃，其原因或许是企业撤出香港，或许是工人要求更多的福利致使小企业破产。在我看来，我们需要为2007年以后的那一届立法会做出50对50的安排，以确保资本与劳工之间的良好平衡。根据《基本法》，这种50对50的安排可以在第三届立法会内实施，到那时我们可以根据实施的结果做出判断：是否需要在其后的选举中做出进一步的改变。

如果50对50的安排获得成功，我认为我们需要确保功能组别能涵盖人口的每一个部分，并确保一切可能产生腐败或施加个人影响的渠道都被去除。

另一方面——如果我们真要选择所有席位都通过普选直接选出的做法——我认为西方的民主概念是有些缺点的。就选民的数目而言，劳工远远多于资本。而且，正如我们在香港所看到的，那些主张直选的人一般都是社会工作者、教师、律师和其他历来具有自由主义倾向的专业人士。他们中有许多人对经济、技术和当今世界的其他现代因素都知之甚少。在先进技术方面深具造诣的人很少有时间或兴趣去搞竞选，然而，他们的建议在一个现代社会里是至关重要的。好的政府需要社会工作者与技术专家之间的平衡。除非在代表社会事务专门知识和科学技术专门知识的人士之间实现平衡，而且有资本为科技发展的车轮注入润滑剂，否则现代化和经济发展会受到阻碍。事实上，一切都需要在和谐中运作，而且权利要平等。

我相信——如果我错了，我愿意接受指正——西方世界的民主并不是他们向发展中国家鼓吹的"民主和人权"。例如在美国，绝大多数选民不是低工资工人便是中下等收入群体。尽管美国自诩为民主社会，任何人要是不从有钱的公司获得捐款去各地竞选，他就不可能成为总统、众议员、参议员或州长；而且，获胜的候选人一旦当选，他就欠下捐款者一笔债，就要据此来立法。任何怀疑这一点的人应当读一读查尔斯·刘易斯（Charles Lewis）写的《收买总统》（*The Buying of the President*）这本书。该书提供了在大多数美国政界人士竞选总统或上面提到的任何高级职位过程中获得捐款的细节，这些细节都是公职人员廉正中心（Center for Public Integrity）调查出来的。这种捐款都被看作债务，是需要透过支持对捐款者有利的立法来偿还的。一个相当平衡的立法机构可望在绝大程度上消除劳资双方都存在的这种缺点。毕竟，如果"民主"只造福于人口中的这一部分或那一部分，那算是什么民主呢？难怪参加投票的人越来越少了。

如果我说我愿意更进一步，选择一种没有政党参加、只有以个人身份参选的候选人参加——一切都取决于他们自己的资格和美德，而不是取决于任何政党的纲领——的选举制度，那我可能太过理想主义了。政党政治有一系列弊端。其一是，党员不再是可以在所有问题上按照良知投票的自由人了。他们必须在所有问题上接受党的路线，只有极少的情况除外，如死刑、安乐死或其他有关实际的生或死的问题。政党制度的另一个弊端是，必须把时间花在讨论各种问题的党的会议上，而这些时间本来可以用于服务公众。再一个弊端是为政党竞选所花的费用。根据我从报章上看到的以及从一些参与政党活动的同事那里听到的情况，我怀疑有些为服务公众而提供的纳税人的钱最终流入了政党的金库。此外，政党往往向公众寻求捐款，这样，他们无疑会感到需要给捐款者一些特殊待遇，以此来偿还一些债务。所有这一切都是可能性，我并不是在指责任何一个政党。但是，有一点是肯定的，这就是，对政党的忠诚就其性质本身而言，会在某种程度上夺去对公众，即选民的忠诚。

在20世纪80年代我们以基本法咨询委员会委员的身份讨论《基本法》的时候，曾经提出过政党的问题。当时我阐述了我的这一观点：我认为，如果没有政党，香港的日子会很好过。我发现，我的主张得不到支持，只好算了。有些委员似乎把选举同不可避免地建立政党联系在一起。我感到失望的是，今后我们这里恐怕会出现像在日本、韩国、印度尼西亚以及中国台湾等邻近的"民主"社会看到的那种对抗了。大概就是由于政党政治的分歧和内部争执的缘故，上面这些国家和地区都很难从亚洲经济危机中恢复元气。只要看一看西方民主国家的情况，就可以知道，政党政治可能是对公众利益有害的，因为党员会试图在辩论中压倒对方，而不是为了民众的最大利益谋求妥协政策。当然，即使没有政党，也仍然会有意见分歧，但是如果没有政党的势力从中作梗，达成妥协性协定的可能性就会更大。

然而，正如我前面提过的，我的主张可能太理想主义了。不过，我仍然坚持这样一个原则：一个人不应当参与政治，除非他或她完全献身于对公众的无私服务，而不是追求个人野心、热衷于权力或效忠于某个政党。

这就是我的主张的出发点。

第 19 章

殖民者的无知

我想我是属于以敢于站出来替处于劣势地位的人讲话而著称的那一代英国人的。我相信，所有国家内都有这样的人，但我也怀疑，当社会条件改善、中产阶级队伍扩大的时候，有足够的关爱心去这样做的人会减少，而追求私利的人会增加。

在我看来，处于劣势的人不一定就是一个需要钱财帮助的穷人。处于劣势的人可能是一个人，也可能是一群人，甚至是一个社区。如果他们遭受不公正，他们就是处于劣势的人，就需要支持。当今的政治产生了一种新的敢于站出来替处于劣势的人讲话的人，但他们这样做是为了替一个政党做宣传或者为了在选举中替某个候选人拉选票。简言之，不是每个站出来替处于劣势的人讲话的人都是出于利他主义的考虑而这样做的。我这样说的理由是，如今有太多的政客组织示威游行，而在队伍的前头打着他们的政党的横幅。

在从政大约40年之后，我至今看不出随便抓住一个问题就高举党旗上街游行、政党的领导人挥舞拳头对着麦克风发表演说、不断大声地呼喊相同的口号会有什么结果，至少不会有什么好结果。无论如何，大多数人也都不把这种游行示威当回事。不过，这种事情为患有新闻饥渴症的媒体提供了填充版面的材料，也能使他们捞到几句连珠妙语，但此后这些问题便极少有人提起了。我更倾向于支持就一些世界性问题举行游行示威。在这样的问题上，示威者的目的不是博得颂扬，也不是争取选票。

也许我的看法不对，不过我相信，在地方性问题上，透过谈判，透过使实权人物懂得公众不满的缘由，可以取得更好的效果。我认为，这个办法在20世纪60年代和70年代初那些贪污猖獗的年月取得了成功。当时，我用实际的不公正事例或者拍照片记录下不公正现象正在发生的场面来证明我的说法，而不是透过聚集人群打乱社区的宁静或阻塞交通来达到这一目的。

是对是错，且让他人去评说。但无论如何，我的方法是直接触及问题的根源并设法做出理性的分析。这正是我于1966年到伦敦去游说英国议员的目的，此行的经过我在本书的其他章节中另有记述。当时看来这是一次徒劳的努力，但最终还是发挥了作用，给香港派来了具有民主思想的外交官麦理浩爵士担任总督。他解决了引起普遍不满的所有问题。更重要的是，他了解中国人，而且能讲他们的语言。

1992年，当英国首相梅杰决定摒弃外交手段改用好斗方针来同中国谈判权力移交的问题时，他派了粗鲁的彭定康到这里来冷落和嘲弄北京领导人，而北京领导人显然是本着诚意做出"一国两制"

和逐渐走向民主的承诺的。事实上，我一直以来所争取的也不过就是逐渐走向民主这样一个目标。1992年由愚昧的彭定康取代外交官卫奕信担任港督，这使香港倒退到殖民制度，只是没有再用炮舰而已，尽管殖民者的傲慢态度与炮舰时代相比也不遑多让。一位署名K.S.周的记者于1995年在报纸上撰文道：

梅杰把一个惯于政治争斗的人强加给我们，他既没有敏锐的感觉，也不了解在世界这个地区谈生意所必须遵循的惯例和理论依据，所以他不受任何约束。果不其然，他开始像一头闯进瓷器店的公牛那样行事了……他粗暴生硬，专唱反调，毫不讲究外交策略。香港人已经厌烦他了，如果举行一次有关他的公民投票，我们市民会响应那些已经要求他离开的人。

英国人恢复殖民时代的傲慢，这使我怒火中烧。但是，我没有走上街头，呼喊口号，而是再次尝试直接同英国首相，同英国议会中的各党议员，同下院中的反对派谈判。我不能说我的努力取得了成功，因为英国一意孤行，根本无视同中国谈判破裂、1997年的"直通车"不复存在的后果。这样就有必要成立一个临时立法机构，使香港的"宪法"，即《基本法》，重新发挥作用。然而，我相信我写的信还是起了一些作用的，好几位英国议员不仅感谢我把事实告诉他们，还实际支持了我的立场。

最使我苦恼的是英国议员们除了少数几个人以外全都对他们当时最大的殖民统治地区香港的情况极其无知。下院中举行的有关香港问题的辩论总是只有极少议员参加，从有些议员的讲话中可以看出他们对有关的问题毫无了解，只愿按照党的路线行事。这至少让我明白了一个道理：任何国家对另一个国家的土地握有权力，却根本不了解它的人民的文化、习俗或语言，这是非常错误的。对外政策也是如此，因为政府在对其他国家采取态度时，对他们所支持或妖魔化的那些国家其实毫无了解。正因为如此，我坚决主张不干涉他国内政，除非一个国家侵略了另一个国家。应当让每一个国家自己处理自己的事务。

支持我的立场的英国议员几乎全都是努力熟悉中国的情况、倾听它的理论依据的人。他们是平等看待中国人的人，而彭定康从未尝试这样做过。当中国领导人不同意他的意见时，他不止一次称他们为"不文明"的人，其实他这样说更多地暴露出他自己是什么样的人，而不说明中国人如何。

在我称之为"彭定康的谬误统治时期"的那个时期内，即从1992年到1997年，我给英国议员写了大约40封信，收到的回信有40封略多一点。我挑出了一小部分我自己的信和我收到的一些回信（见附件D），供那个时期不在香港，或者希望了解在即将向中国移交权力、结束香港的殖民时代的那段痛苦而难忘的时期在幕后发生了一些什么事情的读者了解情况之用。所幸的是，反对移交权力的中国人与那些出于对自己国家的热爱而支持香港回归祖国的中国人相比为数是很少的。就我本人而言，虽然中国不是我的祖国，但我很高兴看到150多年的殖民统治终告结束。

我在信中提到，在任命彭定康担任香港总督之后，英国外相赫德的态度发生了180度的大转弯。我觉得我有必要向读者解释一下我这样说是什么意思，以便人们更好地理解这个问题。本来，1984年签署有关香港回归中国的联合声明之后，英国就不再拥有任何合法的权力在中国为香港制定宪法的问题上对中国指手画脚了。不过，在两国外长的通信中，中国接受赫德的建议，做出了许多让步。后来，赫德在1990年2月16日向下院发表讲话，向议员们通报了香港政制发展的情况。现在我摘录一段他的讲话：

迹象表明，该（香港《基本法》）草案将规定在1997年有20个直选席位，1999年增加到24个，2003年为30个。这个进展速度与12月间达成的立场相比有了相当大的改善。这将反映出《基本法》起草者们愿意对我们和香港的其他人所表达的意见做出响应。

两国外长之间的通信表明，其中根本没有改变功能组别或选举委员会的性质的建议被提出过，为这些组织做出的许多安排原本是赫德自己提出的建议。然而，彭定康为那两部分席位的选举提出的改革方案与两位外长中的任何一位在1990年初提出的任何建议都迥然不同。而且，赫德在向下院发表的讲话中也根本没有暗示那两个部分会变得面目全非。

赫德在2月16日向下院发表的讲话的结尾是这样的："如果我们到时候决定实行《基本法》中所设想的选举安排，1995年选出的议员就有可能跨过1997这个门槛，任职至1999年。那些认为无论我们现在怎么做，中国到1997年都不得不予以接受的人根本不了解实际情况。"

因此，人们不禁要问，尽管从1990年《基本法》颁布起，直至1992年，事实上是直至彭定康登场之时，赫德和港督卫奕信始终谨慎地遵守《基本法》的建议，为什么在彭定康到来之后赫德就改变了立场呢？而问题在于，赫德是真的同意彭定康的政改方案，还是被迫接受这个方案——就像好几位立法局议员或多或少被恐吓来支持这个方案，或者在就这个方案表决时弃权以便使彭定康得偿所愿，因他坚持"民主"原则而获得国际上的赞佩那样？真相可能永远无法揭晓。情况很可能是这样：十年来一直试图寻找一个办法使香港在租期结束后能继续受英国治理的少数在香港做生意的英国商人以及他们在英国的政治支持者，此时在做最后一刻的努力来达到这个目的。他们试图使香港继续受英国治理，这是一个事实，我可以证明这一点。众所周知，前港督卫奕信本来会成为一个领导香港直至回归的极佳的总督，但那些试图继续控制香港的鹰派不喜欢他。给一位港督第二个任期，这本来是惯例。但是在1992年却没有给卫奕信第二个任期，这是极不光彩的，而让对中国毫无了解的彭定康来取代他，这就更不光彩了，而且会酿成灾难。1997年之所以没有发生灾难，那是因为中国政府巧妙地处理了这个问题，坚决拒绝对全国人民代表大会通过的《基本法》做出任何改动，与此同时，允许殖民政府在1997年之前想怎样做就怎样做，但有一点是明确的：主权变更之后，在信守"一国两制"的承诺的同时将恢复实施《基本法》。

老实说，我为阻止彭定康使"直通车"脱轨的行径尽了我最大的努力。这个"直通车"本来会让1995年选出的立法局顺利跨过1997年一直任职到1999年。英国议员中很少有人对所涉及的问题有任何了解,那种认为可以用威逼的办法使中国就范的老的殖民主义的态度恐怕还继续存在。人们仍然抱有这样的想法:我们英国人知道怎样做对别的国家有利,就香港问题而言,我们仍然可以替主权国家、曾经深受殖民主义之害的中国做决定。

我眼中的殖民时代香港

COLONIAL HONG KONG IN THE EYES OF ELSIE TU

第二部分

民主遭遇了什么？

杜叶锡恩非常喜欢阅读有关世界事务的书籍和文章，而且一生都对政治充满兴趣。

她在这一部分简要地叙述了世人所称的"民主和人权"的发展以及它如何变成了一种用来达到殖民主义和新殖民主义目的的基要主义宗教。她认为，在美国，民主已经变成了自由放任资本主义（laissez-faire capitalism）的同义词，成了干涉五大洲任何国家内政的口实，尤其是在20世纪后半叶。

第 20 章

为什么要写书谈民主问题?

"我认为……所谓的民主不过是一个骗局。"古巴国务委员会主席卡斯特罗在1986年同天主教神父弗雷·贝托（Frei Betto）的一次公开见报的谈话中这样说过。

美国媒体一直把卡斯特罗称为残酷的独裁者，而卡斯特罗却没有任何办法透过同一群媒体对这种指控做出回应。他在那次谈话中向贝托神父解释了向美国公众说明真相的困难，说他得出了这样的结论："人们在谈论新闻自由的时候，其实是在谈论拥有大众传媒的自由：对该制度持有异见的人士是不会被允许在最有名气的美国报纸上发表文章的。"他在这里指的是《华盛顿邮报》《纽约时报》以及其他有名望的报纸。

卡斯特罗说得对吗？我在一本最近出版的杂志上读到，美国媒体全都被六家公司组成的一个联合企业所控制，所有这些公司都在彼此的股份中有投资，而且他们在政治上都采取相同的立场。我不知道情况是否真是如此，但我猜想会是这样的。有些美国人对事实进行研究，知道实际情况如何，但大多数人只是阅读本地的报纸或收看电视新闻，因此他们无法知道自己国家正在做些什么以及为什么要以某种方式处理事情。

最近几年，只有经过挑选的少数报纸才被允许报道美国对外国进行干涉的那些战争，例如在伊拉克的战争和对科索沃的"人道主义干预"。一般说来，在这类国外冒险中，只允许美国人听那些让他们"感觉好"的消息。

这就使我产生了我放在本章标题里的那个问题，即"为什么要写一本书来谈论民主问题？"。

我们香港人长期以来一直得不到新闻自由，剥夺这一自由的不是现在的香港特别行政区政府，而是那些属于同一政治阵营、名不副实地自称为"民主派"的西方化的编辑和记者。

在1997年香港回归之前，英文报纸《南华早报》是支持殖民政府的，但它至少有时候还会刊登一些相反的观点。另一份英文报纸香港《虎报》则比较开明，对政治舞台上双方的意见都给予报道。可惜现在已不再如此了。《虎报》不仅更换了编辑，还更改了名称，一度叫*iMail*，不过到2002年又改回《虎报》这个名称了。现在，这两份报纸都拒绝刊登不符合西方民主理念的观点。这样，我们就不再有新闻自由了。正是由于这个原因，现在如果我有什么话要让公众知道，就不得不写文章甚至是写书了。我完全知道，如今我写的东西只有比较少的人能读到。事实上，我觉得自己像是一个刚刚在交通意外中失去双手的人，而我的写作不过是发泄心中的愤懑而已。谁知道呢，有朝一日，也许有人能读到我写的东西，至少我做了努力。

我已在香港居住了50年，这些年中我所做的工作中有很大一部分都是透过报章来做的。每当我对任何立法有强烈的意见要表达抑或我发现人们受到不公正的对待时，我就会透过报章来揭露有关的问题，同时写信给相关的政府部门，要求采取行动。这个办法实际上是很有效的，因为——毫不吹嘘地说——我认为香港在法律上做出的许多变革都包含着我的努力，从房屋到教育，到社会福利再到法律援助，而最重要的是在帮助解决作为大多数社会问题的根源的贪污受贿问题方面。

现在，从1997年起，每当人们在街上遇到我时，他们总要问我为什么不再给报章写东西了。这个问题问得很好，可是我只能这样回答："报纸很少刊登我要说的话，他们只对反对政府和反对中国的问题感兴趣。"事实上，我仍然给那两份报纸写稿，但是，英文报章，特别是*iMail*，几乎对任何不符合他们自己的意识形态的东西都不予刊登。当然，我明白，编辑不能对任何人想写的东西都来者不拒地刊登，但是，这家报纸的态度的改变实在太明显了，因此它不可能没受到反中分子的政治控制。我所认识的另外一些人也抱怨他们无法使自己写的信登在报纸上。

事实上，情况的不正常是如此明显，以至于我怀疑他们是否同所谓"民主派"阵营有联系，现在这个"民主派"阵营自己就非常不民主。

事实上，这里是否有中央情报局的某种活动？如果没有，那香港大概是唯一没有遭到西方、特别是美国干涉的前殖民地了。

　　我在本书的其他章节内已经提出过这个问题。

第 21 章

民主为何物？

我曾听到一位政客喜不自胜地呼喊："民主，我爱你！"这给我留下这样一个印象：对他来说，民主就像是需要顶礼膜拜的女神。这位政客显然是过了大半辈子才堕入情网的，因为当时他已经50来岁了，而以前他从未对民主表现出一丝一毫的兴趣。事实上，民主不是需要膜拜的神，而是一种思想状态，一个民主派不是某个党的党员，而是一个关心民众的人。

对民主示爱的做法立即在美国的极右翼政客和狂热拥护资本主义的人中为这位政客赢得了崇拜者。50多年来，这些拥护资本主义的右翼人士一直以"民主"作为战斗口号，而他自己的民主党的某些成员的行为则像中国"文化大革命"中极"左"的"红卫兵"。然而，只要他自称为民主派，而且向华盛顿请教，他就是可以接受的。毕竟，连皮诺切特（Pinochet）将军也得到过华盛顿的支持。

另一位政客自称是香港头号民主派。她认为民主就是"一人一票"，仅此而已。在2000年选举之前，这位"民主派"解释说，她以前之所以未能为香港做多少事，是因为政府给她的津贴不够多，无法开展工作。她的一位同事说得不错：成功主要取决于献身于公众的精神，而不取决于金钱。

　　我们的年轻人正在受到误导，以为普选是包医百病的灵丹妙药。事实并非如此。不公正现象是由具有献身精神的人们来解决的，他们投身于实际工作，而不是把时间浪费在抽象的理念上。辩论抽象的理念会浪费纳税人的金钱及政界人士和行政管理人员的时间，却不能改善民众的境遇，除非在法律上做出合理的和可行的改变。那些承诺要在减少税收的同时改善公共设施的政客是不应当信任的，因为那种承诺从经济上来说是做不到的，做出这样的承诺只是为了吸引选票。

　　鉴于本书主要是写给年轻人看的，我要写得简单一些。这些年轻人可能熟悉当前的紧迫问题，但对过去几年的事情却一无所知，因为那时他们年纪太小，还不懂事。历史总是一代又一代地重复错误，因为年轻人不去研究以往的错误，不是谋求进一步的改善，而是试图一切"从头来过"。我们大家在年轻时都有过类似的经历。但是，我要指出，听任年长的、不大讲原则的人带领年轻人去从事当他们成熟起来时会感到后悔的行动，这是危险的。我的意图是简单地解释一下民主的真正含义是什么，它在一些标榜实行民主的国家内，尤其是在过去50年中，受到了怎样的歪曲。其实，"民主"

这个词已经背离了它服务人民的初衷，成了对人类最具欺骗性的概念之一。它变成了侵略和干涉世界许多国家内政的借口。实际上，它甚至被用作大屠杀和种族灭绝的借口。

第22章

民主的发展

"民主"（democracy）这个词源自希腊语。"demos"是"人民"的意思，"-cracy"来自"kratein"，意思是"统治"或"力量"。中文译法确切地表达了这个意思：民主意味着"人民的权力或统治"。

尽管有这样一个名字，但在古希腊，民主只针对"自由民"，占人口大约一半的妇女以及奴隶并没有被包含在古希腊民主概念的范围之内。

希腊文明的历史可追溯至大约3000年前，其中有一些现在成了传奇故事。但是，据知，那时的一些最高统治者靠的就是自由民的选票。

由于地形崎岖，交通极不方便，希腊被分成一些城邦，如雅典、斯巴达和科林斯等。每个城邦都有本地的制度和习俗。例如，在一个城邦内，自由民以伸手的方式投票，而另一个城邦则实行秘密投票制度。主要的一点是，在欧洲，民主的理念源自希腊，也是希腊给了它那个名字。

在现代欧洲，英国最先获得了"民主之母"的称号。然而，在1215年以前，民主实际上只限于贵族和地主，这些人迫使以残忍著称的约翰王对税收办法进行改革。约翰王在贵族和神职人员的压力下签署了《大宪章》（又被称为*Magna Carta*）。《大宪章》被视为英国历史上英国政府宪政发展的一个里程碑。许多世纪以后，贵族和地主最终组建了保守党（也称托利党），直至20世纪，妇女和劳动者才获得了投票权。

民主发展的下一个重大步骤是在17世纪到来的，当时，富有的商人们要求投票权并组建了第二个政党，即自由党（起初称为辉格党）。这些工业家和商人由于土地革命和工业革命而成了富人，因为这两场革命实现了英国的农耕和工业的现代化，迫使农民离开他们的小块土地，到矿山和工厂去做工。许多矿山和工厂雇用了妇女和儿童，因为他们比男工便宜。这些工人被迫接受低工资和极恶劣的工作条件。又过了200年，这些受剥削的工人才开始对有良知的人产生影响。在那些站出来为他们说话的人中包括一些作家和改革者，如狄更斯（Charles Dickens）和反奴隶制的改革者威廉·威尔伯福斯（William Wilberforce）等。19世纪末，工人组织了工会，一个新政党——工党（也叫社会党）也出现了。工党最初以马克思主义作为它的思想基础，其宗旨是使所有行业实现国有化，以便建立一个更平等的社会。它的基本主张是："各尽所能，按需分配。"

第一次世界大战结束后，俄国继1917年的流血革命之后采纳了这个原则。但是，在不发生革命的情况下，把社会主义引入一个像英国这样的资本主义社会几乎是不可能的。在英国，工党政府在20世纪初只当选过两次，而且两次都只维持了非常短的时间，因为资本家撤走了他们的资本，而没有资本的支持，任何政府都无法运转。然而，英国人并没有表现出要开展一场革命的倾向。流血革命鲜有在短期内成功的。历史证明，以革命为目的的工人运动很少能达到他们的目的。18世纪末的法国革命就是一个好例子。具有献身精神的革命者往往没有治国的经验，然后权力就会落入野心家的手中，而这些人并不以那些具有献身的革命者的理想为理想。

马克思主义的历史上的另一个弱点是，像美国和英国这样的资本主义国家总是联合起来击败任何新的社会主义政府，就像我们在俄国以及后来在越南看到的那样。一个例外看来是古巴。大约40年来，古巴成功地抵挡了美国要暗杀其革命领导人菲德尔·卡斯特罗，代之以某个愿意让美国引导他们的经济给美国人带来利益的领导人的企图。

中国似乎是另一个例外，尽管有人做出种种努力，试图孤立这个国家和干涉它的事务。中国看来在一步一步地实行民主，避免以往其他社会主义国家所落入的陷阱。在我个人看来，以往的民主制度都不能适应当今的需要。劳工和资本不应当相互对抗，就好像他们可以独自运作似的。我认为现在是他们考虑怎样在我们现在的经济中进行合作的时候了。资本不能脱离劳工而存在，劳工也不能脱离资本而存在。他们需要实现平衡。我希望以后能就此提出一些建议来。

第23章

马基雅维利时代

500年前，荷兰学者德西德里乌斯·伊拉斯谟（Desiderius Erasmus，约1466—1536）说过："世上最邪恶、最可憎的事情莫过于战争。有谁听说过数十万只动物聚在一起，要把另一只动物杀死，就像人类到处都在做的那样？"其实，在战争中，人比动物更加残忍，因为动物的杀戮只是为了觅食。

本章的标题指的是伊拉斯谟的一个同代人，他也生活在欧洲历史上的那个黑暗时代。他就是出生在佛罗伦萨（即现已统一起来的意大利的一个城邦）的尼古拉·马基雅维利（Niccoló Machiavelli，1469—1527）。作为一位政治哲学家，他鼓吹只要是为了加强国家的力量，采取任何政治手段，不论多么卑鄙无耻的手段，都是有道理的。

所以说，即使是被我们视为历史黑暗的一页的那个时期，也与我们今天这个时代没有什么区别，也有鸽派和鹰派。如果说总还是有点区别的话，那也只是他们在500年前使用的武器和我们今天使用的更可怕的大规模杀伤性武器之间的区别，因为如今的人从空中造成死亡，看不到给自己的同类造成的痛苦。科学给人类带来了许多好处，却没有改变人的心灵。

20世纪是以美国总统西奥多·罗斯福（Theodore Roosevelt Jr.）发出的一个鹰派的、马基雅维利式的讯息开始的。罗斯福在致朋友的一封信中写道："这话你千万不要对别人讲：我是应当欢迎几乎任何战争的，因为我认为我国需要一场战争。"几年后，他的愿望实现了：历史上到那时为止的最残酷的战争在他的总统任期结束后开始了，这就是1914年至1918年的第一次世界大战。后来，也是在那个世纪内，又出现了一些证明人对人是多么非人道的更恶劣、更残酷的证据。20世纪是一个如此残酷的世纪，以至于有些善意人士提议结束战争——先是用建立国联的办法、后来用成立联合国的办法结束战争。可惜，国联在1939年德国和日本退出该组织以便挑起第二次、也是更加残酷的一次世界大战的时候垮了台。现在，联合国组织看来也处于失败的边缘，因为有些成员更喜欢战争，而不喜欢和平谈判。

英国的温斯顿·丘吉尔（Winston Churchill）被一些人视为英雄，被另一些人视为战争贩子。这两次世界大战他都参加了，而且在两次战争期间他都因派英国士兵前往他知道他们必死无疑的地方去而受到指责。他先是派兵到加利波利，后来又派到远东，而他明明知道，他们在那里一定会被日本人俘虏。对这些说法，历史最终也可能会告诉我们真相。不论真相如何，在第二次世界大战期间，在看来败在希特勒手下已成定局的时候，他所发挥的领导作用还是值得给予某种赞扬的。但是，在丘吉尔身上，我感到绝不能表示钦佩的是他曾说过的这样一段话："我不理解这种反对使用毒气的态度。我坚决赞成对不文明的部落使用毒气。毒气是可以使用的，那能造成极大的不便，会传播活生生的恐怖。化学武器只是把西方科学用于现代战争而已。"在他所认为的"不文明"的人中就包括库尔德人和阿富汗人。人们还应当记住，在第二次世界大战结束后联合国宣布殖民主义为非法的时候，丘吉尔曾是强烈反对把殖民地交还给它们的合法主人的人之一。在他看来，显然只有基督教徒才是适合统治别国的文明人。

有人会说，罗斯福和丘吉尔属于老一代，他们的思想在今天并不适用。但是，事实上，这种傲慢的殖民主义态度在殖民者中一直存在至20世纪末，而且，直到现今21世纪依然在包括美国、英国和其他前殖民国家在内的某些西方国家存在。

这些鹰隼还在四处盘旋，寻找猎物，但是他们所拥有的破坏力量越来越大。在克林顿时代，美国国务卿马德琳·奥尔布赖特（Madeleine Albright）曾被记者莱斯利·斯塔尔（Lesley Stahl）问及在造成浩劫的海湾战争之后对伊拉克实行制裁所产生的影响。这种制裁使儿童陷入饥饿，得不到医药，导致大约50万名儿童死亡。"付出这样的代价值得吗？"斯塔尔女士问。对这个问题，奥尔布赖特夫人的回答是难以置信的："我认为这是一个非常困难的抉择。但是，代价吗？——我们认为付出这个代价是值得的。"这真是来自一颗非常冷酷的心的非常冷酷的回答！海湾战争10多年后，伊拉克的儿童每天仍在因物资匮乏而死去。而这种种族灭绝罪行的参与者之一——说来令我感到羞耻——竟是我自己的国家英国。

在伊拉克的联合国人道主义使团的负责人——联合国助理秘书长丹尼斯·哈利戴说过，包含在1302号决议中的"石油换食品计划"的实施不是为了解决伊拉克的食品危机，而是为了防止情况进一步恶化。他还说，伊拉克儿童死亡率仍为每月5000人，外加每月2000至3000名成年人。他说，这并不像萨达姆·侯赛因（Saddam Hussein）的敌人所说的，是由于他不给人民食品，而是因为食品很少能按时送到。1998年，哈利戴愤然辞职，现在他是一位激烈批评美英对伊拉克政策的人士。

直到今天，2003年，即在伊拉克承认战败的海湾战争结束12年之后，我们仍能在报章上读到这样的消息：在未经联合国安理会批准的情况下，每当伊拉克飞机据称进入了禁飞区，美国和英国就继续在那里进行轰炸。报章偶尔在不显眼的位置报道这种轰炸，但是，这种轰炸经常偏离目标，击中和炸死平民。我最近在报章上读到的受害者是一个放学回家的学童。美国和英国已宣布他们的意图是把伊拉克总统赶下台，而这是违反联合国的不干涉成员国内部事务——除非他们侵略了另一个国家——的原则的。伊拉克自1990年以来没有侵略过任何国家，就联合国而言，1990年的那场战争已经结束了。但是，这两个国家——通常还在表决时得到以色列的支持——一次又一次地违反《联合国宪章》第六条，他们是可以被开除出联合国的。是什么使得联合国不能采取行动开除他们呢？人们只能这样猜想：美国作为世界上军备最精良的国家，它可以对所有其他成员作威作福，取消对那些它有能力施以讹诈的国家的贸易和贷款。美国还可以大撒金钱，在那些愿意接受金钱的国家收买朋友。

尽管乔治·W.布什和在他之前担任美国总统的其他人不断向其他国家进行有关民主和人权的训诫，他们自己的人权记录却如此糟糕，以致在2001年，他们经投票被驱逐出了人权委员会，而且，他们对民主的蔑视从他们对联合国其他成员的颐指气使中看得很清楚。

自第二次世界大战结束以来，美国的州长和总统的选举都取决于公司对他们费尽心机的竞选活动的资助，因此，当选之后，他们必须透过满足公司的需要来偿还这笔债务。这些活动在2001年布什当选之前大体上没有引起人们的注意。这种闹剧就是在那一年曝光的。一个毋庸置疑的事实是，阿尔·戈尔（Al Gore）在总统大选中取得了胜利，但是佛罗里达州的毫无民主可言的特殊的投票制度把选举结果搅乱了。在布什弟弟当州长的佛罗里达州，投票机制是有弊端的，而且可能被人做了手脚；有些主要是黑人去投票的投票站在选民尚未来得及投票时就关闭了，而那些被剥夺了投票机会的人中有超过90%的人照例是会支持民主党候选人戈尔的。不仅如此，当这件事被提到法院时，布什仅以法官中的一票多数而获胜。

对许多人视为假选举的这种做法的强烈反对之声由于2001年——布什就任总统的头一年——9月11日发生对世界贸易中心和五角大楼的自杀式袭击而平息了下来。显而易见，布什当时正在寻求一场同他所称的"流氓国家"的战争，看来，北朝鲜当时是他的名单上的第一个这样的国家。后来，当那些自杀式爆炸者采取了主动并给了他那个他正在寻找的机会时，他的战争计划受到了激励。在美国，对国家安全的担心总是能激起爱国热情，而对纽约的袭击给了他一个马上可以采取行动的机会。布什本来是最不得人心的总统，现在一下子成了历来最受欢迎的总统了。一旦他确定奥萨马·本·拉登就是轰炸世贸大楼的元凶，而且确定他就藏身在阿富汗，他便开始了狂热的战争准备。根据鲍勃·伍德沃德（Bob Woodward）所著《战争中的布什（2002）》（*Bush at War*）一书，极力主张立即攻打阿富汗的正是布什本人，而科林·鲍威尔则告诫要透过外交途径解决问题。但是，不论是布什，还是他的战争内阁，都没有要使他们自海湾战争以来一直鼓吹的要求开战的情绪冷却下来的意思。根据伍德沃德的描述，自从阿富汗的塔利班政府拒绝交出本·拉登的那个时候起，布什就心心念念地要推翻这个政府，尽管美国以前是支持塔利班同俄罗斯抗争的。现在他同意用金钱换取阿富汗北方部落的支持，以便用一个由美国挑选的总统来取代塔利班。伍德沃德谈到美国军队带了多少钱去收买阿富汗部落领导人，以便完成这项任务。

这是一场很容易取胜的战争，因为阿富汗已经没有多少基础设施可轰炸了。然而，据信成千上万的无辜人民被炸死了。最后，塔利班政权被哈米德·卡尔扎伊取代了，而卡尔扎伊的民望是值得怀疑的。2003年2月的最新消息显示，这个新政府对妇女的基要主义态度与塔利班相比也不遑多让。重建阿富汗的承诺并没有兑现，本·拉登没有找到，而布什和他的政府却把他们的目标转向了伊拉克和被列入他们的"邪恶轴心"名单上的其他国家。

现在看得越来越清楚了：攻打阿富汗只是未来侵略美国所不喜欢的所有国家、那些不肯在美国的经济卵翼下生活的国家的序曲。当布什扬言要对伊拉克开战的时候，他的理由是要铲除他怀疑伊拉克拥有的大规模杀伤武器。但是，许多人认为，他的目的是试图控制中东的石油供应。此后，联合国安理会中对美国的支持在逐渐减弱。安理会的大多数成员国，其中有一些是对安理会决议握有表决权的成员国，都坚持要继续进行核查，然后再铲除所找到的任何伊拉克大规模杀伤武器，而不是诉诸战争。联合国使团的主要任务是透过谈判实现和平。布什宣称，不管联合国可能做出什么决议，他都决意开战，而英国首相布莱尔则保证支持布什，尽管最近就这个问题进行的调查表明，这是违背绝大多数英国人的意愿的。看来，可能在无意之中，布什最终使全世界人民睁开了眼睛，看清了他的政府的好战意图。

世界各地的人民终于对美国政府的侵略行动感到愤怒了，举行了一些反对向伊拉克开战的大规模示威。2月15日那天，世界各地举行了大规模示威，其中规模最大的是在香港就这个问题举行的示威，至少有1000名各国、各宗教信仰和各种肤色的人士参加，但他们所传达的讯息只有一个：和平。许多人打着横幅，上面写着"不要为石油流血"的字样。发表演说和参加示威的有伊朗人、巴基斯坦人、印度人、巴勒斯坦人、中国人、菲律宾人、英国人以及其他一些我认不出是哪个国家的人。每一个示威者大概都代表着数百个同意他的观点但却没有或无法前来参加示威的人。布什给所有这些人的讯息只有一个："这不会阻止我开战。"布什还没有开始弄明白，为什么这么多人看来憎恨美国，为什么自杀式爆炸者准备为了他们的事业而牺牲自己的和美国人的生命。他不可能不明白他们憎恨的理由：巴勒斯坦人被剥夺了自己的土地，以色列人在对几乎手无寸铁的人民采取恐怖行动，美国不仅表示同意，而且还提供财政上和武器上的支持。

那些参加示威的人显示出，他们是了解穆斯林进行自杀式袭击的原因的。对伊拉克及其邻国的战争不会改变这种局面，而只会加剧一个没有其他手段来反抗非正义的民族的恐怖行动。这个民族并不珍惜自己的生命，因为他们生无可恋，却有更有意义的事情去为之牺牲。在世贸中心被炸当天，一个小女孩望着那废墟对她母亲说："妈咪，那些人为什么憎恨我们呢？"孩子都在寻找原因，寻找答案，而成年人却常常寻求报复。显而易见，乔治·W.布什从未试图寻找原因，而一心要进行报复。谢天谢地，还有些美国人为这个问题寻找答案，而不是寻求报复。2001年9月15日，我的一位朋友从她的朋友那里收到了一封传阅信件，信中写道：

我们的儿子是在世贸中心遇袭时失踪的许多人之一。自我们最初听到这个消息的时候起，我们与他的妻子、两个家庭、我们的朋友和邻居及他的那些富有爱心的同事……以及所有那些每天在皮埃尔酒店开会的伤心欲绝的家庭共同经历了悲伤、安慰、希望、绝望以及深情回忆的时刻。

我们看到，我们见到的每个人都充满痛苦和愤怒。我们无法关注每天有关这场灾难的大量新闻。但我们读的消息也足以使我们意识到，我们的政府在朝着提倡疯狂报复的方向迈进，那会使遥远地区的儿子、女儿、父母、朋友丧失生命、遭受苦难，同时也会酿成对我们的进一步的愤恨。这不是解决问题的办法。那不能为我们的儿子复仇。那不是为了我们的儿子。

我们的儿子逝去了，他是一种不人道的意识形态的牺牲品。我们的行动不应当为同样的目的服务。让我们悲痛吧，让我们反思吧，让我们祈祷吧。让我们考虑一个能给我们的世界带来真正的和平与正义的合理的响应办法吧。但是，让我们作为一个国家不要再给我们的时代增加不人道吧。

这封信反映出许多反对布什对伊拉克开战的人的想法。战争不是解决问题的办法。它只能带来进一步的恐怖活动，直至基要主义的问题得到解决，巴勒斯坦人不再遭受以色列的压迫。解决阿以冲突的办法是公平地分享那块土地，这也得到许多准备同他们的阿拉伯兄弟生活在一起的以色列人的支持。数千年前发生在亚伯拉罕的妻妾之间、后来又以其儿子艾萨克和以实玛利的名义继续进行的争吵，现在不能再因狂热之徒以上帝的名义寻求侵略借口而重新延续了。也不能让巴勒斯坦这一古老的家族仇恨被美国利用，为其谋求对世界石油的控制而寻求盟友。

如果乔治·W.布什要为他的任期（尽管获得这个任期的方式有些可疑）留下英名的话，他会发现，他所酿成的是进一步的和更广泛的恐怖活动。有美军驻扎的国家对于他们所扮演的美国盟友的角色越来越不满，而另一些国家则正在学会把美军拒之于国土之外。我越来越多地听到美国被人们甚至被它自己的国民称为"邪恶轴心""流氓国家"。一个一度因自由和正义而受到景仰（也许是浪得虚名）的国家竟然受到如此贬损，在这方面，乔治·W.布什可谓"贡献"良多。毕竟，美国是一个偷来的国家（本书第25章将会详述这一点），它欠下的债还没有还清，不论是对原住民欠下的债，还是对帮助它实现了繁荣的那些奴隶欠下的债。不仅如此，历史已经证明，所有帝国都会把自己的力量分散到如此地步，以致无法继续进行军事占领。可惜，人的贪婪使他们很少去思考历史的先例。

第 24 章

帝国主义思维

每个人的价值观都是根据他们对于加诸他人的行为所能忍受的程度来界定的。[1]

1956年，我第二次从英国来香港是乘船来的。当时乘飞机旅行还是很稀罕也很昂贵的事。那一次，我与两位女士共享一个船舱，一位是美国人，一位是英国人。

舱内几乎没有什么空地方了，因为那位美国女士坚持说她所有那些沉重的行李都必须放在舱内，而她的行李全是一些大木箱和行李箱。她解释说，她信不过那些船员，不能把行李交给他们保管。其他乘客只好把自己的重行李放到行李舱去，因为她早就做好准备，确保第一个登船，霸占所有的空间。她的两个舱友对她的自私

---

[1] 引自威廉·格雷德（William Greider）所著《世界一体：不管你是否做好了准备》（*One World, Ready or Not: The Manic Logic of Global Capitalism*）——作者注

什么都没说，因为我们得在一起度过好几个星期，不想发生争吵。事实上，那个来自夏威夷的美国女士也真是凶巴巴的，看来吵架是她最开心的事。

当时我正经历着一生中的一个关键时期，因为我已经放弃了传教士的工作，而且与丈夫分了手，这使我既郁闷又寡言。而这正合我们这位美国舱友的心意，因为她愿意承担所有讲话的任务，因此她就老是黏着我。不论我到哪里，到甲板上去、去用餐或者在船靠港时到岸上去看看，她时刻与我在一起。她谈话的内容几乎全都是抱怨。她对我说，她憎恨英国人，因为他们是帝国主义者，尽管她知道我是英国人。然而，我对她的话不予理睬，因为我知道，如果我为英国辩护，那就会给她展开争论的机会。此外，我自己也不赞成殖民主义，而且我所认识的大多数英国人并不特别具有帝国主义思想。事实上，当时英国正处在去殖民化的过程中，而美国则正准备扩大它在世界各地的力量。没过多久，美国就获得了"丑陋的美国人"的雅号。

当船停靠在塞得港，我们上岸时，她照例与我摽在一起，依然指责英国在那个地区实行帝国主义。当我们在码头上观看小贩摆卖的物品时，她问了某种东西的价钱，然后她连珠炮似的大骂那个小贩："你们简直是一帮盗贼！"我为她的行为感到羞耻，干脆走到一旁去，心里在想，究竟谁是帝国主义者，是她还是我？通常，我能容忍对我本人的侮辱，但很难容忍对一个为生计而挣扎的穷人的侮辱。

用餐时，这位女士对什么都抱怨，食物、侍者、服务等等，全都不合她的心意，以致没有侍者愿意为她服务。她从一张桌子换到另一张桌子，不论在哪张桌子都成了不受欢迎的人。

到达新加坡时，另一位年轻的英国女士下了船，我们这两个留下的舱友站在甲板上观看新乘客上船，前往我们的最后一站——香港。我们注意到一个上船的乘客在同一名船员发生激烈的争论，尽管我们听不清他们说什么。我的美国舱友说："我希望那个人别住到我们的舱室来。"结果，那个人还真就住到我们这里来了。可以肯定，争吵很快便会开始。事实也的确如此。我们的新舱友是一个捷克斯洛伐克（此处指捷克斯洛伐克共和国，1992年解体，成为捷克和斯洛伐克两个独立的国家——编者注）人。她刚一踏进舱室，就注意到舱内根本没有空地方了，于是便开始搬动那个美国人的一些行李，以便为她自己的行李腾出地方。这是她们的第一次争吵。下一次争吵是在她们中的一位抽起烟时开始的。另一个和我一样，是不吸烟的。当那个捷克女士宣布她"佩服"英国人时，又开始了进一步的争吵。我躺在自己的铺上，笑看她们就我的同胞的长处和短处争论不休。但是，当我们快要到达香港海岸、她们两个都想占用床铺收拾行李时，她们之间的战事达到了高潮。我的行李很少，所以不存在问题，但到最后我不得不把她们两个分开，因为她们在船舱内相互推搡。很难说她们两个中哪一个更差劲，尽管我必须说，那位捷克女士还是具有某种魅力的，而那位美国女士则毫无魅力可言。

到达香港几天之后，我在弥敦道上巧遇我们那艘船的船长。他向我道了歉。"我们就是寻遍全世界，"他说，"也无法为你找到比她们更难以相处的舱友。"我安慰他说："这次经历是一次蛮不错的消遣，而且我在混战中毫发无损，也不失为幸事。"

我之所以不厌其详地讲述这个故事，是因为，尽管我不相信这样行事的美国女士会很多，我的确认为有些美国人，正像在帝国时代有些英国人一样，是具有这种特征的。这种人向别人要求得太多，甚至给别人造成伤害，但却不能——正如苏格兰诗人罗伯特·彭斯所说——"像别人看我们那样看我们自己。"

我很想知道美国领导人对不同种族或肤色的其他人的容忍程度如何。乔治·W.布什于2000年当选总统后所谈到的头几件事之一就是，他打算加强美国的防务，因为他不能容忍炸弹落到美国儿童的头上。听到这种说法，我立即想到伊拉克儿童，塞尔维亚和其他国家的儿童。最近，美国（还有英国）就把炸弹扔到他们头上了。尽管我绝不愿意看到美国儿童遭受苦难，但我禁不住这样想：如果美国人看到炸弹落到他们的孩子们的头上，他们会不会重新考虑他们的喜欢对其他国家进行轰炸的政策。

我举这个简单的例子是想揭露那些认为自己的行动毫无可恶之处，但却要求对别人实际犯下的或想象之中的不道德行为进行报复的人的虚伪。

我在后面几章中将证明"每个人的价值观都是根据他们对加诸他人的行为所能忍受的程度来界定的"。

民主不仅仅是天真地认为"一人一票"就能实现民主。民主要求我们在选民和候选人参加选举时，要教育他们懂得，"民主"这个词中的"权力"因素指的是人民；权力应当用来为"人民"谋福利；而人民应包括所有人，不分种族、肤色、语言、宗教或人类与生俱来的其他差别。

第 25 章

一个偷来的国家有多么民主?

如果说仁慈始于家庭,那么民主就应当始于自己的国家。我们在一次又一次的电视采访中听到美国的总统和首席发言人们在"民主与人权"的问题上发表虚伪的言论,特别是在谈到其他国家,通常是他们出于政治考虑而不喜欢的国家的时候。这种陈词滥调是如此令人恶心,以至于,如果碰巧有人和我一起看电视的话,我一再不由自主地顶撞那电视机:"那你们为什么不在你们自己的国家内实行呢?"

关于美国是一个自由之邦、是一个重视人权的伟大的民主国家的宣传,关于妙不可言的美国宪法以及关于各位开国元勋是多么了不起的宣传,人们听得太多了,以至于世界大多数人都相信了,以为情况真是如此。但是,世界上有多少人知道美国的宪法并不保护那个庞大国家的原住民或者那些被绑架来给美国白人干活的非洲奴隶甚至不保护妇女的投票权?从根本上说,它保护的是富人。事实上，从法律上说，连那片土地本身也不是他们的。在亚美利哥·韦斯普奇（Amerigo Vespucci，这个国家的名字"美利坚"就是从他的名字而来——作者注）据称于15世纪末在那片土地的海岸登陆之前，原住民已在那里生活了不知多少世纪。那个时代的探险者们都是得到欧洲君主或在新发现的国家内谋求财富的富商们支持的。正在扩展神圣罗马帝国权力的教皇承担起了宣称每一个新发现的国家都信仰罗马天主教的责任。这样，美洲就被殖民者们瓜分了。南美成了西班牙和葡萄牙的领地，北美则被英国和法国据为己有。

入侵者的武器是原住民的长矛弓箭所无法抵挡的，因此他们为赞助他们的殖民者聚集了大量的财富，把黄金、宝石和他们所能找到和偷窃的任何物质资源都弄到手中。北美最终被英国人独占了，到了18世纪末，那些在东部和北部扎下根来的英国殖民者从英国人手中获得了独立，自那以后便被称为美国人。获得独立后不久，美国人从墨西哥人手中吞并了得克萨斯和加利福尼亚，然后开始向西扩展，修建公路和铁路。在修路过程中，他们使用的是奴隶和契约劳工，其中有一些就是被迫在加利福尼亚做工的中国人。在这个现在叫作美国的国家内，所有原住民都被迫离开自己的土地，被送入保留地内，以他们所能做到的最佳方式延续着他们的文化。

就这样，美国凭借着廉价的或无偿的劳动力，用枪炮抵御着几乎手无寸铁的原住民，在偷来的土地上变得富裕起来。

因此，可以预料，在像威廉·威尔伯福斯这样的反对奴隶制度的改革派进行了长期斗争之后，当美国政府仿效欧洲世界的其他国家废除奴隶制的时候，处在富饶的、发展中的南方各州的美国人一定会反对废奴法案。19世纪60年代，就这个问题发生了一场内战。在流了很多血之后，南方被打败了，奴隶制在1864年被废除了。

但是，诉讼解决不了不公正遗留下来的问题。在许许多多的案例中，奴隶受到残酷的虐待，被迫超时工作，吃不饱，而且绝对地任由主人支配——尽管我得赶紧补充一句：当然也有一些奴隶主和奴隶之间是相处融洽的。对许多人来说，废奴法案甚至会带来更多的苦难，因为获得自由的奴隶不容易找到工作，不知道自己来自哪个国家，而且常常得同家人分开，因为他们的孩子被卖给了其他奴隶主。许多童奴被强暴，生下她们的白人主人的孩子。获得自由后，他们没有自己的土地，人们对他们竭尽歧视之能事。非洲裔美国人在获得"自由"以后的那个世纪中所遭受的苦难是我们所无法想象的。就是在我这一生中，我也记得不许非洲裔美国人与美国白人共享海滩、公园和餐馆的事。他们的孩子不能入读白人孩子就读的学校。他们不能坐仅供白人使用的公共交通工具上的座位。后来，他们开始了反抗，而且在反抗的过程中得到一些有良知的白人的帮助，这些白人视美国黑人为与白人平等的人。

美国人据称是反对殖民主义的，至少是反对其他国家实行的殖民主义。在19世纪末打败了西班牙之后，美国吞并了包括波多黎各和菲律宾在内的西班牙殖民地。不仅如此，美国在贸易中使用"门户开放政策"这种委婉的提法，声称自己有权享受欧洲殖民者19世纪在中国获得的所有特权，而且真的获得了这些特权。此外，虽然欧洲殖民者没能在日本取得"最惠国"贸易地位，美国人以军舰相威胁的手法却取得了成功。

20世纪60年代由马丁·路德·金领导的和平的民权运动得到了许多追随者，既有黑人也有白人。但当时许多美国人仍然不准备承认非洲裔美国人是与他们一样的公民。马丁·路德·金这位主张和平的黑人领袖遭到了暗杀。一些学者曾撰文写到，即使在非洲裔美国人得到公民权后，他们在做选民登记的时候也往往受到公务员的刁难。那些公务员在登记时故意慢腾腾的，导致许多人在冒着酷热或风雨排队等候了一整天后却无法在登记处关门之前走进去登记。即便是在已进入新千年的2000年，仍有成千上万名非洲裔美国人抱怨，在总统选举中，投票站提前关了门，使黑人选民无法投票，而90％以上的黑人选民总是会把票投给民主党候选人的。实际上，在像我这样的局外人看来，选举制度中有许多违规现象，从而使那个输家进入了白宫。投票制度太过时、太原始，一定会被人做手脚。2000年的选举不可挽回地摧毁了"美国是一个民主国家"的说法。实际投票方法不是唯一的弊端。显而易见，只有两个党可以参加竞选，而金钱是谁可能取胜的决定因素。要赢得选票，就必须到各地去做巡回竞选，而一个穷人是不能去做这种竞选的。不仅如此，未来的总统必须向那些捐款最多的人做出承诺，这就使选举被有钱人垄断。尽管法律上宣称非洲裔美国人是平等的，但任何人若认为他们真的被当作平等人对待，那他就应当看看警察逮捕一名美国黑人的情景被偷拍下来的电视新闻。那黑人常常被踢打得几乎死去。一名非洲裔美国警察在调查黑人受到的待遇时曾亲自开车去看个究竟。他没走多远就无缘无故地被截停了。白人警察要他下车，殴打他，还给他戴上了手铐。这时，他亮出了他的警员证，并让人逮捕了那个白人警察，这才避免了进一步受到伤害。许多被捕的黑人在被警察拘留期间死去，而在我看来，死在监狱的黑种与白种犯人的比例足以证明，"黑白有别"的公正即使不是在理论上存在，也是在事实上存在。近至2001年4月，在辛辛那提街头发生的狂暴的骚乱仍然清楚显示出美国保安部队的强硬的行事方式，而与此同时，他们的政府却在联合国大会上以侵犯人权为借口扬言要谴责美国不赞成其政治意识形态的那些国家。这次骚乱是在一名19岁的非洲裔美国青年在逃避逮捕时被警察射杀后发生的。而警察之所以要逮捕他，是因为他被控几项交通违章的罪名，然而，这些罪名中的任何一项都够不上警察在不加审讯的情况下加诸他的死刑。此事之所以引起黑人的强烈反应，是因为它不是一个孤立的事件。当然，对方采取暴力也不是解决问题的办法。

2000年4月在华盛顿发生反对世界银行、国际货币基金组织以及世界贸易组织的示威时，美国警察本身的表现也暴露了美国"民主"的实质。讲述那次示威的故事的人当时在参加会议，但不是以示威者的身份，而是因为他是那次会议的顾问之一，他想听听示威者的论点。这位顾问G先生在那里站了不到5分钟，警察就在没有预先警告的情况下封闭了那条街道，并开始抓人、戴手铐并把和平示威者和旁观者塞进汽车。当G先生问起他的人权时，一名警员把他往墙上撞去，并对他大声叫嚷："这里没有民主。这个地方是专制，我就是上帝。"与他一道被逮捕的还有数百人，其中包括妇女和少年。他们在非常狭小的房间内被拘留将近24小时，有6个小时的时间没给他们食物和水，也不允许他们去洗手间。G先生最终被无罪释放了。结果是，在看到举止得体、受过很好的教育而且是很正派的人们被当作罪犯对待之后，这位世界银行的顾问开始同情示威者的事业了。然而，就是这个政府却打算对其他国家提出侵犯人权的指控。真是虚伪透顶！

关于美洲原住民——外国人有时称他们为"美洲印第安人"（Amerindians）——所受到的待遇的数据不容易得到，但是他们现在已开始伸张自己的权利并为以原住民的大量流血和苦难为代价从他们手中偷去的土地索要赔偿了。欧洲殖民者所犯下的巨大错误是，他们自认为比这些殖民地的原住民更为文明和开化，而且必须对他们实行"基督教化"。本着这样一种假定，他们的目的是迫使所有原住民学习欧洲的"文明"方式。美洲、澳大利亚和新西兰的情况尤其如此。那些地方拥有大量的土地，原住民的数目比较少。殖民者很快便采用杀戮本地人和引进疾病导致许多本地人死亡的办法使原住民的数目更加减少。

像印度那样人口比较多的殖民地中的遭受殖民统治的人民在第二次世界大战结束以后获得了独立，但是，到了那个时候，在美洲、澳大利亚和新西兰的欧洲殖民者在人数上已经大大超过了原住民，因而后者要回自己土地的希望就成了泡影。原住民对欧洲殖民者的感情可以用加拿大著名的原住民领袖乔治斯·伊拉斯谟斯（Georges Erasmus）的话来概括。他说：

在我们之间的关系中，我们被灌输了一种自卑感。欧洲人用以对待我们的方式使我们觉得他们比我们自己更知道什么是对我们好的。我们的地标所用的名称是我们所看不懂的。我们被称为"印第安人"。传统上，我们的法律就是我们在自己人之间达成的协议，而今天，我们把法律看作别人强加给我们的某种东西。传统上，我们自己教育自己，而今天，"教育"是别人来对我们的孩子做的事情，而且往往采用强制手段这样做，迫使他们离开自己的家人。

最近披露，那些被殖民者偷走去接受再教育的孩子有时遭到强暴，而且在受过教育后，这些孩子中有许多仍被遗弃在欧洲人的社会之外，同时又与自己的社会格格不入。

大约20年前发表的一份历史报告描绘了欧洲殖民者来到之前原住民所过的田园诗般的生活：他们彼此之间以及他们同大自然之间的一种井然有序的、健康的与和谐的生活，远比殖民主义入侵者们的生活更加井然有序，因为那些殖民主义入侵者的个人主义的、物质主义的、性别方面的专制主义具有一种破坏性的影响。

美国人、加拿大人和澳大利亚人现在开始意识到，他们的原住民所谋求的并不是融入后者所认为的欧洲殖民者的劣等文明之中，而是一个发扬他们自己的文化、有着他们自己的法律和习俗的社会。鉴于他们已不再构成那些国家的人口的大多数，他们实现自己的愿望的可能性已经很小或者根本不存在了。但是，至少不应当再强迫他们成为殖民主义的美国人、加拿大人或澳大利亚人。不应当再把他们视为来自劣等文化的人，而应当以他们本来的身份——"第一民族的人民"来接受他们。

受过极高教育的非洲裔美国人兰德尔·鲁宾逊（Randall

Robinson）在他所著的《债务》（*The Debt*）一书中讲述了一个令人伤心的故事：一个无所归属的民族，一群被粗暴地切断了与自己的原生文化的联系并被置于一块陌生的土地上、变成奴隶的人。他谈到美国白人对开发他们的土地、以奴隶身份从事无偿劳动并使美国成为富国的非洲裔美国人欠下的巨大债务。他谈到美国是怎样在贪婪和暴力之上建立起来的，并要求美国偿还它对黑人欠下的债务。我认为，此话也适用于原住民，因为原住民的土地是被偷走的，他们的资源使别人变成了亿万富翁，而这些原住民却几乎成了非法的人，被剥夺了权利。

兰德尔说，在对那些受害者欠下的债务还清之前，美国绝不会是一个民主国家。我认为他说得对。《圣经》中说："我必追讨他的罪，自父及子，直到三四代。"我本人相信，罪孽之债归根到底是要偿还的，这不仅仅是摩西的教诲，而且是大自然的规律。除非美国白人和其他殖民者正视他们的先辈的罪孽，对遭受他们的繁荣之害的人重新做出补偿，在教育、就业或商业机会方面给他们特权，否则这笔债就不能算是偿还了。那些获得了机会的非洲裔美国人在所有领域内，在文化、体育和商务方面，都表现出色。但是，他们中得到这种机会的人可谓凤毛麟角。我甚至遇到过这样的美国白人：他们竟说非洲人的头脑愚钝，无法达到白人的水准。这种种族主义的判断是完全不能宽恕的，也是完全不符合事实的。白人总是自称高人一等。现任总统乔治·W.布什在竞选时竟然大言不惭地说，他认为上帝选择了美国来领导全世界。就是希特勒也不能把这个可恶的学说表述得更精彩。我本人就是希特勒称之为优等民族的雅利安人。我知道我并不比任何其他国家的任何人优越，而且，在许多方面，我的才能就不及我与之在一起生活了50多年的一些中国人。每个国家都有自己的富有各种才干的人，而才干与肤色没有任何关系。

如果你自称民主派，那么请你问问自己以下这些问题。你认为各种肤色的所有人类都是平等的吗？不论什么阶层的人你都尊重吗？你对富人和穷人、正常人和残疾人、老年人和年轻人、男人和女人都一视同仁吗？如果你有一位女佣，你待她是像待朋友一样，也就是把她视为平等的人，还是把她视为下人？

把所有人都看作平等的，这是民主的真谛。民主是一种思想状态，而不是"一人一票"的问题。如果一个人没有民主的思想，他就会错误地使用选票，因为偏见会使人看不清真理和正义。其实，民主只有在一个选民们从思想上笃信民主的社会中才行得通。不仅如此，民主意味着把所有国家都视为平等的，没有什么超级大国来对世界其他国家发号施令。

在谈论强迫那些不接受欧洲人对民主的解释的国家实行"民主和人权"的问题之前，那些靠着掠夺他们认为在政治上和经济上都不够发达的国家而富起来的国家应当先把自家的事情处理好，对那些使他们在资源上富足起来、用自己辛勤的和无偿的劳动使国家发达起来的原住民和奴隶给予补偿。

第 26 章

经济殖民主义

在第23章内，我提到过马基雅维利的哲学，即，只要是为了加强任何国家的力量，采取任何政治手段，不论多么卑鄙无耻的手段，都是有道理的。这一哲学尚未寿终正寝。这是20世纪的大部分时间内，尤其是第二次世界大战结束后的这50年内的历任美国总统的目的。海湾战争后，当老布什总统谈到"世界新秩序"时，他做出的承诺并没有什么新货色。作家乔尔·贝纳曼（Joel Bainerman）在他写的《总统的罪恶》（*The Crimes of a President*）一书中认为，这一哲学的直接来源是一个多世纪以前成立、设在耶鲁大学内的秘密会社"骷髅会"（The Order of Skull and Bones）。该会每年只招收15名男生。该会的哲学是，它的成员"负有战略上和道义上的义务去控制世界"。

在该会的成员中，有一个名叫亨利·斯蒂姆森（Henry Stimson）的人，他是乔治·布什总统的恩师。此人相信，美国需要每隔30年左右就进入军事对抗。我在第23章中引述了西奥多·罗斯福讲过的一句话："我是应当欢迎几乎任何战争的，因为我认为我国需要一场战争。"他说的这句话不过是从"骷髅会"的哲学中引来的而已。

回顾过去50年美国干涉世界事务的历史，我要说，美国的历届总统都是完全按照斯蒂姆森的告诫办事的。然而，他们知道大多数美国人都倾向于孤立主义，不愿意让自己的儿子牺牲在外国的战场上，所以，这些军事冒险多半透过隐蔽活动来进行，除非白宫能说服人民相信"国家安全"受到了威胁，即使这种威胁不过是对小小的岛国格林纳达"袭击"美国的担心。格林纳达就是在这样的借口下被入侵的。要知道，格林纳达的人口还不到20万！

第二次世界大战结束后，前殖民者逐渐失去他们对其殖民地的控制，而美国人则攫取了他们的权力。他们不是像那些殖民者以前做过的那样，用炮舰来达到目的，而是采用贷款、给当地领导人送礼、行贿、售卖武器、对新出现的独裁者进行恐怖训练以及必要时发出威胁的办法。不管最初是否为了这个目的，他们成立世界银行和国际货币基金组织时公开宣布的意图是帮助那些遭受了战争之苦的或者需要经济帮助来实现发展的国家。结果，世界银行和国际货币基金组织不但没有帮助那些国家，反而使他们债台高筑，以至于他们连贷款的利息都付不起，更遑论偿还本金了。不错，一些落后国家的领导人个人得到了好处，但许多国家的穷人却被剥夺了土地，用来开发，而这种开发给他们带来的却只有苦难，决无任何好处。许多改革派团体现在认识到了这些世界机构——世界银行和国际货币基金组织以及还有较近时期的世界贸易组织——所造成的危险，这是令人鼓舞的。新的经济殖民主义者曾计划再进一步，成立一个叫作多边投资协议（MAI）的新机构，但是，就连像加拿大这样一些比较先进的国家也反对成立这样一个机构：在外国公司的发展计划在某些国家受阻的情况下，它将有权宣布那些成员国政府的法律无效。最近在西雅图和华盛顿举行的示威表明，当人们看清这些世界性经济、金融或贸易机构给发展中国家或欠发达国家造成困苦而不是促进其发展的时候，这些机构将会遭到反对。

对全球化本身，我并不反对，因为我相信我们这个世界最终必须也应当联合起来，成为一个全球共同体。然而，要实现这一理想的局面，必须进行大量的工作，确保其结果对全世界人民有利；换言之，它应当是真正民主的。根据目前的运作方式，好处都被公司拿去了，这使得富人在损害穷人利益的情况下变得越来越富：各公司正在把业务迁到土地便宜、工人报酬极低而且还超时工作的地方去，而他们自己的比较富裕的国家内的工人则失去就业机会，替代他们的是第三世界国家内的奴隶般的工人。那些公司的目的很清楚，因为他们拒绝任何实行社会改革以保护本国工人或取消其他国家内的奴隶般的劳动条件的建议。显而易见，他们的目的是利润，而不是世界大同。他们根本不关心在实现其目标的过程中谁在受苦。发达国家、欠发达国家或不发达国家内富人和穷人之间差距是如此之大，我们即便是考虑全面全球化的可能性，那也只能是许多年以后的事。我们需要有远见的政治家来寻求世界范围内的解决方案，以满足对世界民主的需要。这个方案要使每个国家都能得到公平的对待，使劳动者也能得到好处。与此同时，我们不能允许实力比较强的那些国家的贪婪的、唯利是图的公司决定全球化的条件。全球化一定不能意味着一个超级大国支配全世界。过去半个世纪中，美国捞到了最大的机会，因为它在第二次世界大战期间从销售武器中以及在战后牺牲那些遭受战争浩劫的国家的利益来发展战败国的过程中获得了利润。一个半世纪以来，也就是自19世纪60年代初他们自己的内战以来，美国从未受过任何战争的破坏。他们恪守"战争是必要的"这一信条，条件是这些战争不是发生在美国的国土上。他们握有讹诈任何不听命于他们的国家的关键，那就是对核弹的惧怕，这种惧怕使任何国家都不能在政治上或经济上向他们提出挑战。只要这种不民主的局面占据主流，全球化就只能给世界带来威胁而不会带来利益。

乔治·W.布什当选为美国总统的过程远远谈不上是民主的，我们也不能指望他具有多少世界责任的意识。乔治·W.布什也像其父及"骷髅会"成员一样，相信美国负有控制世界的道义义务。这曾是英国殖民者的梦想。它也曾是从马其顿的亚历山大大帝到德国的阿道夫·希特勒等所有军国主义者的梦想。世界不能接受更多的独裁者了，乔治·W.布什应当停止做梦，而应当读些历史，汲取所有的帝国主义图谋最终都导致失败的教训。美国可能为自己是一个超级大国而感到自豪（假定这是值得自豪的事情的话，而我对此是持有异议的），但这个国家也是谋杀、吸毒成瘾、犯罪和离婚率方面的世界纪录保持者。

所幸的是，世人，包括许多美国人，正在醒悟到一小撮谋求权力的公司和政客造成的危险。这些人极少关心本国人民，更不关心别国人民。他们的伪善的口号是"民主和人权"，他们就以这种陈词滥调为借口随意对别国进行侵略。

下文中将举一些他们进行这种侵略的例子，这些例子可以戳穿关于他们实施民主原则和尊重人权的谎言。

第 27 章

第二次世界大战后的法西斯主义

尽管第二次世界大战是为遏制欧洲的法西斯主义而战，而且欧洲的法西斯领导人墨索里尼和希特勒已经从舞台上消失，1945年在实际上却成了装扮成民主的法西斯主义新时代的开始。希特勒曾试图以苏联作为真正的敌人，但是他对欧洲国家的侵略却毁掉了他的信誉，因此在他开始对共产主义采取行动之前，他自己先被清除了。于是便开始了"冷战"。其实"冷战"这个提法是名不副实的，因为战后在西方遏制共产主义的努力中有数百万人遭到了屠杀。

许多战犯，特别是德国和日本的战犯，逃脱了战争罪行法庭的审判，成了美国对共产主义发动的非圣战中的盟友。卡尔·马克思的教导在亚洲、非洲和中南美洲的那些沦为殖民地的国家内以及在美国和欧洲的劳动者中吸引了许多追随者。然而，国际共产主义事业却由于欧洲国家和美国发出的加强国防的呼吁以及由于人们意识到斯大林政权以共产主义名义实行的过激政策而受到了削弱。

美国那些狂热拥护资本主义的人对共产主义产生了偏执心理。在他们看来，共产主义就是来摧毁他们统治世界经济的计划的魔鬼。因此他们召开了世界银行和国际货币基金组织的布雷顿森林会议，决定向发展中国家提供援助，同时对那些国家的领导人和那些国家的经济保持控制。结果，美国在德日两国的战犯中找到了盟友。在日本，道格拉斯·麦克阿瑟将军和他在华盛顿的密友们保护了裕仁及其在军界和商界的助手这样一些战犯，而且，最近的研究显示，这些日本战犯与麦克阿瑟合谋只把甘愿受死的东条英机（他已经有过自杀未遂的举动）和日本人出于政治考虑希望除掉的另外几个人送上了法庭。许多罪犯仍然大权在握，其中包括天皇。即使是今天，这些日本法西斯分子仍然把持着日本的多数权力，而日本的最高法院众所周知是极右的，该法院曾一再驳回战争受害者的索赔要求。德国和日本两国那些曾参与研究和生产大规模杀伤武器或毒气的人并没有受到惩罚，而是被弄到美国，向美军教授他们的可怕的技艺。据纽约的联邦神学研习班的毕业生杰克·内尔森-帕尔梅耶尔（Jack Nelson-Pallmeyer）说，这些法西斯分子和其他一些未来的独裁者都是在本宁堡的"美洲学院"（School of the Americas，缩写为SOA——译者注）受训的。内尔森-帕尔梅耶尔在他1997年出版的书中给这所学院更名为"刺客学院"（School of the Assassins，缩写也是SOA——译者注）。的确，仅几周前，一些反对该学院进行有关酷刑、强暴和抢劫方面的强化培训的美国人在该学院外面举行了示威。它的学员中有一些是政变领导人，他们在美国军队的帮助下或使用美军提供的武器推翻了他们的民选政府。大多数人都会记得，在罗纳德·里根任总统期间是怎样同伊朗进行非法武器交易的。当时在伊朗-康特拉（Contra，尼加拉瓜反政府军事组织——译者注）丑闻中扮演主要角色的是奥利弗·诺思（Oliver North），他未经国会同意在中美洲进行了一场私下的战争，而战争的费用就来自非法武器交易的进项。人们普遍认为罗纳德·里根是有份参与的。但他宣称自己什么也记不起来了，有关的决定可能是在他缺席的情况下或者在举行有关会议期间他去洗手间时做出的，此后他就逃脱了被弹劾的命运。奥利弗·诺思伸张了根据美国宪法他所享有的权利，最后被颂扬为美国英雄。后来，他的名字还被作为可能的总统候选人提出过。这就是一个保护有罪的人但对他们的受害者却很少提供或根本不提供保护的民主国家内的"法治"。在康特拉的受害者中有一些是天主教修女和神父，还有成千上万其他无辜的平民。

作为一个英国公民，我强烈地谴责我的国家在支持美国反对大多数联合国成员做出的决定方面扮演的角色。我同意有时必须投票支持少数，但在他们无视规则、随意轰炸别国的时候给予支持是不能原谅的。这方面的一个恰当的例子便是对伊拉克平民的轰炸以及听任那个受到重创的国家的儿童挨饿和不让该国生病的儿童获得药品。实际上，美国和英国，有时是在日本的支持下，一再绕开联合国做出的决议，从而玷污了这个原本是要给世界带来和平的机构的基础。

在亚洲，第一个成为美国对他们所称的共产主义——他们对任何把人置于资本之上的国家都冠以这样的称呼——的遏制努力的受害者的是朝鲜。在被日本非法占领了许多年之后，朝鲜被交还给了朝鲜人。然而，不久它就一分为二了，就像德国已经一分为二以及另外一些国家即将一分为二一样。在中国发生国民党同共产党之间的内战（这场内战在1949年以中国共产党的胜利而结束）期间，在朝鲜画了一条不准北朝鲜越过的线。当时南朝鲜受到美国武装部队的"保护"，使之免受共产党的威胁。几十年来，南朝鲜一直处于一些以腐败著称的独裁者的严厉统治之下，但这种统治却假"民主"之名进行。只是到了1997年，南朝鲜才选出了一位矢志统一南北方的领导人——金大中，现在这个过程已经开始了。金大中在作为"颠覆分子"受了多年囚禁之苦以后，被允许为统一而努力，这是好的，是向前迈进了一步。但是，并非所有问题都解决了。那里经常有人举行示威，一则是因为失业，同时也是因为许多人要求所有美军撤出他们的国家。说到这里，人们也许要问，在战争结束50年之后，美国为什么还坚持要在南朝鲜和其他国家保持一个军事立足点？毫无疑问，有些美国人会回答说，他们必须充当世界的警察。但是，是谁任命他们担任这项差事的？这种事能以"民主"的名义去做吗？我对这个问题的回答是一个响亮的"不"。在我看来，这是专制，是法西斯。希特勒就有过类似的目的。

如果有谁认为，像美国那些拥护资本主义制度的死硬分子所说的那样，美国军队必须保护别国免受共产主义的侵犯，他们应当看一看中国的邻国，来判断一下这是否可能。殖民主义国家全都是欧洲的，只有日本例外，日本是从欧洲学来的殖民主义意识形态。中国并没有试图控制越南、柬埔寨、印度，其实它没有试图控制与它交界的任何国家。边界争端是有的，大多数国家都如此，但是，中国正在透过谈判一个一个地解决这些争端。

现在再回到美国对共产主义的偏执态度这个问题上去。继朝鲜之后遭受美国暴力的是越南。法国殖民者被打败了，于是，美国攫取这个前殖民地的时机成熟了，其借口是，由于越南是中国的近邻，因而会产生"多米诺效应"，其结果是越南会落入中国之手。在没有告知美国人民也没有征得国会同意的情况下，美国军队给西贡（越南胡志明市旧称——编者注）的越南领导人派去了他们委婉地称之为"顾问"的人员。他们把北越英雄胡志明视为想象中的敌人。胡志明曾领导北越的胜利之师打败法国，并且打算在他的国家内实行土地改革和社会改革。在拥护资本主义制度的美国人看来，土地改革和社会改革始终是共产主义接管权力的标志。毕竟，资本主义和社会平等，这两者并不是好伴侣。

开始一场战争是需要经费的，因此，有关军事冒险的决定通常必须由国会来做。但军队总能想办法绕过这一关，而且这种办法已持续使用了好几十年。据研究者兼作家斯特林·西格雷夫（Sterling Seagrave）在他所著的《大和王朝》（*The Yamato Dynasty*）一书中说，这场战争，以及其他一些针对共产主义的不宣而战的战争，所需要的金钱是来自日本人在侵略中国和东南亚的战争期间疯狂掠夺的战利品。这些战利品中有许多是黄金，这些黄金被熔化成金条，上面有特殊的标志，表明其来源。日本人把大量的黄金藏在菲律宾的洞穴中，但是到战争结束时他们没来得及把所有这些黄金都弄回日本。美国兵曾亲眼看到掩埋这些黄金的情景，因此，战争结束后，一个美籍菲律宾人便把美国人带到了大量黄金被掩埋的地方。据西格雷夫说，这些黄金被存入许多银行户头内，其中有许多是指定给中央情报局使用的，用来建立一个反共网络并支持中央情报局的非法军事活动。为什么不把这些黄金还给亚洲的战争受害者，这是一个值得讨论的问题。它也许可以解释为什么在签署《旧金山和约》时没有亚洲其他国家代表在场以及为什么没有向亚洲的受害者做出任何赔偿。这些受害者，或者他们的亲属，现在提出了问题，设法透过法院赢得赔偿，但是，迄今为止，日本法院一直拒绝所有合法的索赔要求，美国自然也不热心支持这些要求。

关于美国在越南进行大屠杀的故事，无须我再重述。在美国的大屠杀中，有300万人遭到杀害，数百万人受伤，生命和农作物受到的破坏一直影响到今天。美国永远不会原谅越南人打赢了那场不平等的战争，但是我倾向于相信他们采取这种不原谅的态度的真实原因是他们良心有愧，而且他们的良心会一直有愧下去，直至他们做出补偿，如果说对于难以置信的战争罪还有可能做出补偿的话。

亚洲也不是在对共产主义的这种残酷的征讨中受害的唯一大陆。但是其他大陆的情况将在另一章中记述。

第 28 章

门罗主义的遗产

门罗主义是美国总统詹姆斯·门罗（James Monroe）单方面宣布的。它警告欧洲各国不要再试图在"新世界"扩展殖民主义。当时，美洲被称为"新世界"。

南美洲由一些没有参加《门罗宣言》的独立国家组成。不过，美国自行担负起了南美保护人的角色。最后，这个理论不仅被用来防止殖民侵略，而且被用来对南美国家的领导人发号施令，尤其在第二次世界大战以后美国对共产主义进行征讨期间。任何宣布有意实行土地改革和社会改革的国家都被称为"共产党国家"。古巴在反对西班牙的战争中一直得到美国的支持，美国并接管了西班牙的殖民地。但是，在菲德尔·卡斯特罗推翻了美国支持的独裁者之后，当卡斯特罗开始没收被一些美国公司霸占的古巴土地的时候，"睦邻政策"就不复存在了。他被列入了黑名单，发生过许多次企图暗杀他、使古巴重新受制于美国经济帝国的事件。古巴同美国的贸易关系被古巴同苏联的关系所取代。然而，所有暗杀他的企图都失败了，他的教育和医疗改革受到其他国家的钦佩和仿效。然而，在美国人看来，古巴仍是一个"流氓国家"，而且，不仅同美国的贸易被禁止，其他美洲国家也被迫抵制古巴。为了给自己的行动找理由，美国声称古巴是苏联的"卫星国"。当冷战结束、俄国停止同古巴贸易时，美国对古巴的贸易制裁仍未取消。

南美洲和中美洲的其他国家在击败美国旨在推翻他们的政府的努力方面却不像古巴那样成功。危地马拉以民主方式选出的总统哈科沃·阿本斯（Jacobo Arbenz）在一次由美国中央情报局组织的政变中被推翻了，政变的借口是苏联正策划接管那个国家。这种指责是很荒谬的。苏联根本没有办法占领一个距他们的海岸如此遥远而且就处在美国家门口的国家。事实是，阿文兹只是重新占据了被美国的联合水果公司使用的危地马拉领土并把这些土地分给了危地马拉人而已。渴望资本、视金钱为上帝的美国人不可避免地要把重新分配土地和实行社会改革同共产主义联系在一起。

当另一个南美国家巴西的总统古拉特（Goulart）被推翻时，这个国家也被怀疑是在实行共产主义。戈拉特是一位虔诚的天主教徒，因此绝不会是共产主义者。古拉特只不过采取了限制包括美国公司在内的外国公司转到国外的利润而已。古拉特在一场政变中被推翻之后，巴西变成了一个军事独裁国家。正如在所有这类由中央情报局策划的政变中一样，一些人无缘无故地失踪了，一些异见人士遭到了暗杀。巴西被接管后，美国咖啡大亨便在该国建立业务，热带雨林被摧毁，以便为商业发展开路。环境被破坏，尤其是欠发达国家的环境被破坏，绝不会使美国大企业感到忧虑，廉价劳动力也是如此。巴西人民被告知，他们被从共产主义的魔爪下拯救出来了。

当多米尼加共和国的博什总统呼吁进行土地改革和限制外国投资的时候，他也在1963年的一次军事政变中被赶下了台。当人民举行反对新政府的暴动时，美国派军队去粉碎了这场暴动。

当游击队试图推翻乌拉圭独裁者的时候，乌拉圭也遭到了类似的命运。中央情报局教乌拉圭军队如何盘问、拷打和铲除反叛分子。另一个典型的例子是智利。1970年，在民主选举中上台的受欢迎的总统阿连德被认定为马克思主义者，于是美国便采取了行动。在智利其后的选举中，中央情报局试图用损害其经济的办法破坏该国的稳定。皮诺切特将军的支持者照例受到训练，学习如何施以酷刑、强暴和杀戮。1973年，皮诺切特在其华盛顿同情者提供的大量金钱的帮助下成功地发动了军事政变。政变期间，酷刑和杀戮持续了超过一周的时间，而媒体则被阻挡在外，不许采访和报道。美国对皮诺切特的独裁政府公开表示支持，直至他退休。皮诺切特退休后，在赴英国治病期间被捕，这是按西班牙的要求做的，因为西班牙当时在以战争罪行通缉他。英国最终把他送回智利，而智利那些曾遭受他迫害的人的家属仍在争取以战争罪名审判他。皮诺切特的恐怖统治的真相被揭露之后，克林顿总统无疑感到难堪，但他只说了一句美国"犯了一个错误"，就把他的国家的责任推卸掉了。过去半个世纪中，美国和中央情报局犯下的这类错误太多了。事实上，自从美洲人的土地被夺走的时候起，他们就一直在犯这样的错误，但他们在做出补偿方面行动却极其迟缓。事实上，它不仅在南美而且在世界其他地方，都在继续犯错误。如果他们的总统不是对美国人民说采取这些军事行动是为了国家安全，而干脆说"是为了经济，傻瓜"（这是比尔·克林顿在竞选中说过的一句很有名的话——译者注），那会更符合实情。为了这个经济，美国的经济，凡是可以利用的国家都不放过。

尼加拉瓜也遭受到类似的命运。残酷的萨摩查政权于1978年被马克思主义的桑地诺游击队推翻。新总统丹尼尔·奥特加甫一提出进行土地改革和社会改革的建议，表示这个国家不能受美国企业的剥削，他的命运就无法改变了。必须把奥特加赶下台。20世纪80年代，中央情报局在尼加拉瓜支持并训练了一个叫"康特拉"的恐怖组织，目的是推翻桑地诺政府。康特拉摧毁学校和医院，用炸药炸海港，强暴妇女和杀戮人民，而且从事以毒品换武器的交易。在罗纳德·里根担任美国总统期间，他称康特拉为"自由战士"。如果他所说的"自由"指的是美国公司的自由，他给他们起的这个名字大概是恰当的。里根这样做就把他自己同奥利弗·诺思和伊朗-康特拉军火丑闻联系在一起了，而当时，美国被认为是处于同伊朗交战状态。就连通常支持美国权势集团的天主教会也站在穷人一边，支持康特拉的受害者。一些天主教徒因为凭良知行事而遭到暗杀。由于美国出钱资助并操控1990年的选举，桑地诺政府垮了台。美国扶植了一个恢复向美国提供开放的市场的政权。尼加拉瓜现在是那个地区最穷、文盲率最高的国家。

格林纳达是南美北部沿海附近的一个小岛，人口约为20万。

1983年，当莫里斯·毕晓普开始执政并打算进行土地和社会改革时，他就决定了自己的命运。小小的格林纳达被美国说成"对我们的国家安全的威胁"。莫里斯·毕晓普被以135名美国人和400名格林纳达人的生命为代价赶下了台。此前不久曾捍卫过靠近南美洲的、英国宣称对其拥有主权的福克兰群岛的撒切尔夫人对于在前英国殖民地格林纳达发生的这种暴行却不置一词。

美国给自己分配的控制中南美洲的任务到此尚未完成。1989年，美国人正策划控制另一个中美洲国家——巴拿马。巴拿马独裁者诺列加总统曾是乔治·布什总统的好朋友，曾帮助美国对邻国搞间谍活动。布什显然对诺列加卷入毒品交易一事一直视而不见。布什当上总统后，大概就是应当把诺列加抓起来、清除这个障碍的时候了。布什不应当被世人看到是与一个独裁者——同时还是一个毒贩——合作的。一国把另一国的总统抓起来并进行审判，这种事还没有过先例。但是，美国显然拥有超越别国权利的权利，可以采用它想用的任何手段来实施它的意图。先是对巴拿马进行空袭，最后诺列加的官邸被包围。后来他被抓获并带到美国去受审。在这次行动中死了5000人，巴拿马的财产受到严重的破坏。美国现在通过了一项法案，赋予它自己在无须征求任何世界机构同意的情况下在任何地方逮捕任何人的权利。具有讽刺意味的是，据报章报道，当美军在巴拿马立下战功后回国时，他们中许多人的行李里都装着大量的毒品。诺列加被认定犯有贩毒罪。他一直待在美国的监狱里，但是，如果我没猜错的话，他会被作为一个特殊人物对待，因为他长期以来一直是美国政府的好朋友和合作者。毫无疑问，他会被人遗忘和死去，或者被谋杀，以便使他们在巴拿马所干的事情的真相永远不会正式公之于众。至少，这真相将永远是某种可以斥为谣传而不加理会的东西。

像诺姆·乔姆斯基（Noam Chomsky）和爱德华·S.赫尔曼（Edward S. Herman）这样的知名作家，以及其他知识分子都已撰文详细分析过，推翻南美国家的合法政府并以像皮诺切特这样的得到华盛顿支持的独裁者取而代之的做法对那些国家产生的影响。土地改革和社会改革被放到了次要地位，外国投资受到鼓励，有时是用减税的办法去鼓励，使穷人变得一无所有，使新的独裁者发财而且往往变得腐败起来。许多知识分子、激进派和专业人士被迫流亡或者像在智利和阿根廷那样干脆"消失"了。门罗主义在南美被错误地运用了。现在看得很清楚，美国正试图把这些原则的适用范围加以扩大，使之涵盖全世界。世界其他国家和地区对一个经济帝国的扩张醒悟得太迟了，但是现在有迹象表明，有些国家，像加拿大、法国、俄罗斯和意大利，正在开始抗拒被人牵着鼻子走。过去几年在世界银行、国际货币基金组织和世界贸易组织会址外举行的示威就表明了对所谓全球化的越来越强烈的反对情绪。全球化只不过是对世界的经济控制的一种掩饰而已。工人们现在清楚地看到，目前这种形式的全球化对工人没有利益，只有损失。除非对全球化在工作条件和环境方面产生的社会影响给予应有的考虑，这种反对就不会停止。相反，随着越来越多的人认识到全球化对他们的生活水平的影响，这种反对只会变得更加强烈。假以机会，一些全球性大公司甚至还要控制全世界的水的供应。加拿大是为反对失去对水的控制而战的国家之一，这些国家如果失去对水的控制那是无法生存的。设想一下，如果一个国家最终单凭它控制或扣住生命之水就能统治全世界，那是多么可怕的情景啊！

我在本章中没有提及非洲并不是因为我对非洲没有兴趣，而是它的情况非常复杂，而且那里的时局变化也太快，以至于连事实都无法跟上。自第二次世界大战结束以来，非洲一直被超级大国利用和滥用。摆脱殖民主义并没有使非洲人得到真正的独立，而是在实际上加剧了他们的苦难。殖民主义的终结导致许多内部纷争的发生，超级大国为了自己的目的表态支持某一方则使这种纷争愈演愈烈。对非洲欠发达国家的援助是根据其政治立场提供的。在千百万非洲人饿死的同时，西方发达国家把千百万吨食品投进大海，而不是廉价卖给或送给饥民。对非洲国家的这种态度表明种族主义仍然存在。一些非洲国家的发展带来的苦难多过繁荣，因为人民被剥夺了土地或因战争的破坏而沦为难民，被迫离开家园。然而，我确信，非洲国家摆脱殖民主义的遗产、在世界上占据自己的位置的时候一定会到来。非洲将重新获得自己古老的文明，被视为一种复活了的久远文化并以这种身份受到敬重。

本章略去了许多地区，而且本来也没打算写得面面俱到，只不过是对当今世界的发展方向以及未来存在的危险做一番扫视而已。然而，今天的巴勒斯坦是不能不提的。毫无疑问，由于地中海沿岸的中东部分地区曾是古老文化的发祥地，它们也是其后传播到世界各地的主流宗教的发祥地。我觉得，以色列人以民主的名义剥夺他们的同胞阿拉伯人的人权，这是很可悲的事情。在存在宗教偏见的地方，民主必然死亡。犹太人和阿拉伯人声称他们是同一祖先的后代，现在却为了拥有一个国家而发生冲突。如果不是在我看来是少数犹太人身上存在的宗教偏见，他们双方本来是可以在那个国家内和平共处的。这些犹太人声称有权拥有整个国家的依据不过是一些史前时代的传说。殖民大国——先是英国，现在是美国——的插手对解决这两个古老文明之间的分歧没有任何帮助。令人无法理解的是，为什么要请美国总统来充当和平缔造者，须知，他的政府正在帮助以色列的犹太人，提供在阿拉伯领土上为犹太人兴建新的定居点以及无疑还有购买用来杀害大批阿拉伯人的枪炮所需要的金钱。更糟糕的是，美国人显而易见是对巴勒斯坦有兴趣的，但有些并不像美国人那样对巴勒斯坦感兴趣的国家却站在一旁，听任阿拉伯领土继续被占领，阿拉伯人民，包括儿童在内，继续遭受屠杀，有时是遭受酷刑。只要美国显然在支持一方反对另一方，就不应当让任何美国人参与和平谈判。在整个这场冲突中，哪里有民主？

我再问一遍：在这个充满冲突的世界上，哪里有民主？美国自称维护"民主和人权"，同时又在世界各地采取那样一些行动，对这种南辕北辙，它该如何解释？

美国作家威廉·布卢姆（William Blum）在他所著《流氓国家》（*Rogue State*）（他所说的"流氓国家"指的是美国）一书中建议，在拟议中的"共产主义受害者纪念博物馆"在美国建成之后，还要在该博物馆的旁边再建一座更大的博物馆，名叫"反共受害者纪念博物馆"。拟议中的第二座博物馆中的受害者的人数很容易达到数千万。

我要引用《流氓国家》中看来是两个参与过流氓国家美国的建立的美国人的忏悔作为本章的结尾。这两个人都是美国海军陆战队的军官，他们的这种身份使他们成为可信的证人。第二次世界大战爆发前夕担任美国海军陆战队司令的斯梅德利·巴特勒（Smedley Butler）将军说：

　　我曾帮助净化尼加拉瓜，便于布朗兄弟的国际银行公司营业。我曾帮助把墨西哥，尤其是坦皮科，变成对于所有美国石油利益集团都安全的地方。我曾帮助把海地和古巴变成一个体面之地，使花旗银行的员工可以在那里收账。为了华尔街的利益，我帮助践踏过六个中美洲共和国。在中国，我帮助过确保标准石油公司能不受干扰地做它想做的事。我有着一流的职业。我得到了奖赏：荣誉、奖章、晋升。我本来可以教给阿尔·卡彭（Al Capone，1899—1947，美国芝加哥的盗匪头领，绰号"疤脸大盗"——译者注）几招。他最好在三个城区活动。海军陆战队是在三个大洲活动。

　　在同一本书中，海军陆战队司令戴维·夏普（David Sharpe）将军在1966年曾这样写道：

　　我相信，如果我们从这些充斥着受压抑、受剥削的民众的国家的商业中把我们被血腥的美元玷污的双手抽出来并不再伸进去，他们会找到他们自己的解决问题的办法。如果不幸由于富人不肯以任何和平的方法与穷人分享他们的财富，因而他们需要开展暴力革命，那至少他们所得到的东西是他们自己的，而不是他们不希望美国人强加给他们的美国方式。

这两位海军陆战队官员是根据他们的实地经验讲话的。值得指出的是，夏普的讲话发表在第二次世界大战结束以后，而我在本章中提到的那些事件也正是发生在那个时期。然而，这些话并没有引起人们的注意，欠发达国家的经济继续飞速下滑，有时还伴随着种族灭绝。这些罪行并没有受到惩罚，因为它们是在美军很少伤亡或根本没有人员伤亡的情况下实现的。

中国一再呼吁夏普在1966年提议的事情，即停止干涉其他国家的内政，让它们自己解决自己的分歧。美国人自己也声称这是他们自己国家的权利，但他们就是不许别的国家享受这种权利。

第29章

民主遭到曲解

与历史上所有传统哲学、宗教和制度一样，民主这个概念一直在随着时代的变化而变化。它已不再赋予人民权力了，除了在理论上。也许它的真正的名称应当是"披着民主外衣的资本主义"，或者也许可以叫"超级大国的自由放任"。

任何人，包括我在内，都不会反对真正的民主，如果能发明一种新制度使人民在其政府中有发言权，而不仅仅是毫无意义的投票权的话。历史证明，不管以前存在过什么制度，最终总是那些野心勃勃的、贪婪的和强势的人对循规蹈矩的人作威作福。用达尔文的生物学术语来说，就是"适者生存"。在政治领域内，往往是鲜廉寡耻的、有钱的或者腐败的人留在掌权的位置上。

我还不至于狂妄到声称自己有办法提供一个政治乌托邦的地步，我也不想象我有一个完美的制度可以取代腐朽的西方民主制度。"一人一票"是一个政治谎言，因为不论人们怎样使用他的那一票，一切或多或少都会保持不变。举行选举看起来是为了给一个不同的政党在政府中占据最高官职的机会。从表面上看，举行选举是为了使选民能够改换到新政府的政策上去，如果他们对现政策不满意的话。为了选举所能取得的那一点点结果，选举要耗费大量金钱、造成很大的混乱、花去很多的时间。事实上，在像美国和英国这样一些国家内，一个新选出的政府仅代表少数选民。这一点我将在后面的一章中说明。

像我们在上文中引述过其谈话的菲德尔·卡斯特罗一样，我认为今天这一整个被当作民主的趋势都是骗局。需要在全世界范围内建立一种全新的政治制度，其实是需要确立一种新的政治理念。温斯顿·丘吉尔说过："如果抛开所有其他政体不谈，民主是最'糟糕'的政体。"我们听这类观点听得太久了，而且我们一直很满足，认为有这样的政体便够了。如今它已经变成最糟糕的政体，因为它已不再是真正民主的了。

我将以引述一些真正感到关注的学者的论点作为开始，这些学者的动机是毋庸置疑的。1961年，世界著名的历史学家阿诺德·托因比（Arnold Toynbee）在谈到"伟大的美国民主"时这样说：

今天，美国是捍卫既得利益的世界反革命运动的领导者。它现在维护的正是当年罗马帝国所维护的东西。罗马帝国一贯在所有属于它的势力范围的外国社会内支持富人与穷人作对；而由于穷人的人数无论何时何地总是远远超过富人，所以，罗马帝国的政策导致了不平等、不公正而且罔顾最大多数人的幸福。

在托因比写下上面这些话的40年之后，局面进一步恶化了，不仅对许多美国人是这样，而且对世界各地那些被迫订立不平等协议或者得到美国领导的世界银行和国际货币基金组织提供的发展贷款的国家内的穷苦人都是如此。这种发展只对极少数人有利，而给穷人造成沉重的负担，把他们赶出他们的农田，使他们失去传统的谋生手段。

从联合国儿童基金会2000年发表的一份报告中，我们得知，联合国大会确定了这样一个指标：发达国家要把他们国民生产总值的0.7%捐给发展中国家。只有挪威、瑞典、丹麦和荷兰达到或超过了这个指标。而在这个名单上排在最后面的是美国（它是世界上遥遥领先于所有其他国家的最富的国家）、意大利、奥地利和西班牙。这些国家提供的捐款平均只达到那个指标的10%。

如果民主有任何意义的话，它应当包括关心人民这一条，而这里所说的人民包括所有种族和肤色的人民，尤其是在我们谈论全球化的今天。有史以来，冒险家、海盗、国王、政客无不试图以殖民主义的领土征服的手段来实现全球化。今天，我们仍然看得出这种殖民主义精神存在的迹象，不过，如今的殖民者谋求的是经济上的而不是领土上的占领。我们的目标应当是建立一个各国享有平等权利和机会的世界。迄今为止，世界机构所谈论的只是世界贸易，即那种使大公司发财但对欠发达国家内奴隶般的劳动条件给予鼓励的贸易。我们需要把工人的权利写进贸易协议。

另一位评论家小仓利丸（Ogura Toshimaru）在日本的*AMPO*

杂志上撰文称当今的民主为"代议制民主中的功能障碍"。他
还说：

> 选举是一系列这样的过程：数目有限的候选人表达他们的政治
> 观点，然后选民在没有任何互动讨论的情况下投票。如今很多选民
> 都放弃投票。们弃权的原因很容易猜出来：人们觉得投票没有什么
> 意义，因为一张票不能改变任何东西。

曾几何时，民主被颂扬为一种每个成年人都可以借以在政府
中得到代表的制度，而现在，对民主的信仰早就变得淡薄了，在比
较老的"民主"国家内，在选举中参加投票的人数一次比一次少。
选民们知道自己没有发言权，没有谁来听取自己的意见，也没有谁
向他通报情况。例如，一个"民主"国家可以不宣而战，正如我们
在对越南的战争中以及后来在对伊拉克的战争中看到的那样。在甚
至没有得到联合国同意而且美国和英国的民众大体上不知情的情况
下，对伊拉克的轰炸一直持续至今。看来，选民们什么也不知道，
更不用说实施批准的权力了。当选民们最后知道了情况时，也只是
对他们说，当时为了"国家安全"，必须采取紧急行动。另一个问
题是选出的政界人士的水准。受到信任的政界人士原来是一些机会
主义者，是一些追名逐金、腐败和谋求一己私利的人，这种情况太
多了。一旦坐上权力的宝座，似乎就"一切都有了"。

政府素质差的另一个原因是，由于选举制度的关系，许多政府
都是少数执政。下面我还要谈到这个问题。在这里，我只提一下，

撒切尔夫人在只得到40%的实际选民支持的情况下统治英国将近20年。如果我们把那些没参加投票的潜在选民计算在内，支持她的选民的比例还要小得多。那20年中，她打了一场没有得到许多选民大力支持的战争，以高压手段处理过矿工问题并开始征收人头税。后来只是由于发生了严重的骚乱，这种人头税才被取消。倘若选举制度公平的话，她就不会在台上待那么久。

彼得·高恩（Peter Gowan）在《宇宙的主人》（*Masters of the Universe*）一书内由他撰写的那一章中谈到目前的民主制度时说：

最重要的是，一种新的民主（他所说的民主制度指的是新兴发展中国家的民主制度）是由强有力的资本家掌管的，他们为政治进程提供资金，为选民们提供可供选择的领导人，这些人对大多数事情的意见是一致的，只是领导方式有所不同。这能确保公共政策在政治上始终正确。与此同时，新的民主使跨国公司更容易扩大他们的影响，使全球媒体更容易左右舆论。

我同意高恩的如下看法：民主，至少是西方的民主，是受强有力的资本家势力控制的，他们为候选人提供经费，也期望上台的那个党给他们商业上的好处。美国的公职人员廉洁中心的查尔斯·刘易斯（Charles Lewis）在他所著《收买总统》一书中，提供了在总统、州长和参议员选举中什么人付了多少钱的详细统计数位字。候选人收取大笔献金是为了进行巡回竞选以吸引选民，而捐赠者得到的回报是他们所支持的候选人在任职期间制定的对他们有利的法律。美国的选举法规定："外国国民直接或透过任何其他人提供与任何政治职位的选举有关或与任何初选有关的捐款都是违法的。"不过，有关外国人提供这种捐款的说法却广泛流传。不仅如此，众所周知，美国还为他们谋求控制的别国政府的选举注入大量金钱，甚至支持军事政变。近几年来，英国的竞选也效法美国，从任何地方、任何愿意捐款的人那里收取献金。例如，在英国1997年的选举之前，保守党就从香港收取了捐款。我手中掌握的一些通信的副本就可以证明，该党曾收到香港一家公司捐赠的100万英镑。该笔献金附有一个条件，言明作为捐款的交换条件，一个因贩毒罪而流亡的中国人将被允许返回以贩毒罪通缉他的香港。他当时在台湾流亡，而且当局已经对他发出了逮捕令，一旦他回到香港，立即缉拿归案。我手中有一个副本，记录的是在港督府同提供捐款的那家公司会面的日期，会面就是当着殖民港督的面进行的。我还有一份接受那笔钱的收据的副本。保守党副主席在1997年4月14日就这个问题代表保守党致该公司的一封信中写道："诚如贵公司所知，我们此刻正处在一次大选的竞选当中，正在为捍卫我们所笃信的——而且我知道也是贵公司所赞成的——原则和政策而展开一场激烈的宣传运动。我们必须保护英国免受工党的威胁。以往，工党每次执政都给我国造成了很大的破坏。"最后，保守党输掉了那场选举，主要是因为他们太肮脏。该党所称的"原则"不过如此而已！捐款的附加条件——安排那个流亡的毒贩返回香港而不会遭到逮捕和检控——始终没有兑现。当捐款者提醒保守党它还没有履行它那方面的义务并要求归还捐款时，这要求却没有被理会。捐款者把我请到他的办公室，把那些通信拿给我看了，尽管他肯定知道我是不会赞成这种交易的。他只不过相信我为人公正而已。我曾试图让下院道德委员会来公正地处理这个问题，我相信会有或者应当有这样一个委员会。可是我的努力白费了。就连新的工党政府也没表示出什么兴趣。如此说来，当这类把戏畅行无阻时，民主又有什么意义呢？过去50年中，我一直在同英国政界人士打交道，其中把原则看得比党的权力更为重要的人真是少之又少。

事实上，选举已经变得像嘉年华，而不是严肃的国家大事了。候选人凭借他们擅长表演的能力、他们贬低对手的本领、他们口若悬河地发表演说和做出公正承诺的天分、他们的英俊的相貌以及善于鼓动的啦啦队长来争取选票。以前撒切尔夫人利用选民的爱国情绪的做法常常令我反感。在她的竞选集会上，她常常打出英国国旗，给与会者留下的印象是，投任何其他党的票都将是叛国行为。我坚决反对任何政党为了竞选的目的来使用我国的国旗。

如果我对选举法有任何发言权，我会制定这样一个规则：任何候选人都不得接受任何人的任何种类的捐赠。可以发明一种使捐款不再有必要的制度，不过我要在后面的一章里再谈这个问题。我记得，我10多岁时，当时我还在英国，我们那个地区的一位原自由党候选人常常在选举到来前夕举行茶会招待他的选民，尽管除了在这样的时候我们从来见不到他也没听说过他为我们做了什么事情。他获得了一个"茶会鲍勃"的雅号。我们家从不参加这种茶会，我们也从未投过他的票。但是，与今天某些国家的候选人举办的那些吸引选民的活动相比，特别是与大公司和其他可能从他们对候选人的金钱支持中受益的人所提供的捐款相比，他的茶会不过是小儿科。花费在选举上的大把金钱若是用在社会福利上、用在为无家可归者提供住屋上或者用在其他社区项目上，那会起更大的作用。

乔治·W.布什在2000年美国总统选举中做出的惊人的承诺之一是，他将使美国在军事上更加强大。鉴于诸如朝鲜和其他亚洲国家以及阿拉伯国家等大部分发展中国家都在谈论和平与统一，现在似乎是美国削减武器生产而不是增加武器的数量和破坏性的时候。然而，对他的这个计划感到高兴的人中将包括军火商、他们的支持者以及五角大楼。而且，极右翼政客们当然会变得更加富有侵略性。专栏作家马丁·凯特尔（Martin Kettle）在2001年1月号的《卫报周刊》（*The Guardian Weekly*）上撰文说：

自那个最受鄙视的尼克松执政以来，人们很难想出有哪一个美国总统在任时真正受到国际上深深的敬重。只消把这些人列数一遍——福特、卡特、里根、老布什、克林顿——就会使人想到，连续几任的美国领导人不是以他们取得的成就而显赫一时，而是以他们各有不同的局限而独树一帜。乔治·W.布什这位新出炉的总统也可归于这一类。现在美国比尼克松时代更着重于对世界的统治，他就在这样一个时候给欧洲和世界其他地区带来了这样一种强烈的意识：美国人根本不知道也不关心我们其他人是死是活。

自从第二次世界大战结束以来，美国一直不缺少发动战争的机会，但是克林顿总统却找到了一种把侵略战争隐藏起来的新办法——把这种战争称为"人道主义干预"。

这些战争中唯一的人道主义因素是美国飞行员在杀害别人的同时确保自己不会被杀死，即空中谋杀。然而，对受害者来说，这就是对世界"警察"所不喜欢的任何国家进行的"不人道的干预"。在最近无视联合国的决议进行军事冒险之后，在我的国家英国——谈起这一点我感到很遗憾——的帮助之下，美国总统赋予了自己在任何地方对他挑选的任何国家开展一场战争的权利，不论是公开宣布的战争还是不宣而战的战争。迄今为止，"人道主义干预"不仅没有使交战因素平息下来，反而引发了进一步的暴力，在南斯拉夫就可以清楚地看到这种情况。既然塞尔维亚人自己抛弃了他们的总统米洛舍维奇，美国也就无法达到由它来进行政治迫害的目的了。但问题还没有解决，因为新的塞尔维亚总统科什图尼查并没有向美国屈服，而是要求在本国范围内解决本国问题的权利。美国新总统将如何处置一个拒绝以联合国的名义行事的美国所提出的要求的外国领导人，人们尚需拭目以待。

南北朝鲜也在出现类似的局面。由于美国打着联合国旗号进行干预，南北朝鲜已被分开50多年了。这两个地区联合起来的可能性是很大的，如果它们真的联合起来了，美国军队就没有借口留在南朝鲜了，而这是不符合武器制造商或五角大楼的利益的。有迹象表明，美国可能设法延宕南北朝鲜之间的和平进程。美国决心继续发展大规模杀伤武器，拒绝签署禁止地雷条约，这清楚地表明他们的主要工业是为当前的和未来的战争服务的。这一点奥尔布赖特夫人讲得很明白。作为克林顿政府的国务卿，这位夫人周游了世界，就好像她认为"世界是我的"似的。据报道，她曾说过："如果不使用的话，要这支世界上最强大的军事力量又有何用？"这意图的确很清楚，唯一的问题是，对其殖民主义的过去念念不忘的西方国家对美国这种新型的法西斯主义还会支持多久？亚洲、非洲以及中东的前殖民地已经表明，他们不会永远接受在自己国家内的二等公民地位，而美国、澳大利亚、加拿大和新西兰的原住民则已经表明他们不会永远接受任何低人一等的地位了。支持原住民的有良心的前殖民者表现出强烈的同情心。在《菲德尔和宗教》（*Fidel and Religion*）一书中记述的菲德尔·卡斯特罗接受弗雷·贝托神父访问时的谈话值得一读，从中可以了解一个在本人的生命和自己的国家都受到威胁的情况下决不屈服的人物所秉持的看法。他对弗雷·贝托说：

当今皇上（指里根总统）比罗马帝国的人拥有更大的力量，因为里根所能进行的核屠杀要比尼罗（一个臭名昭著的皇帝，据传说当罗马在他身边燃烧的时候，他还在拉小提琴）统治下的罗马帝国可能发生的屠杀厉害多了。在一场核屠杀中，他们可以把天主教徒、佛教徒、穆斯林、印度教徒、新教徒、富人和穷人、年轻人和老年人、女人和男人、农民和地主、工人和工业家、知识分子、专业人士全都化为灰烬。在一场核屠杀中，每个人都将不复存在。而这就是他们称为民主的东西。

贝托神父在谈到他同卡斯特罗的长谈时说："我从他那里了解到大量令人极感兴趣的民族和历史知识。想到这一点，我感到自己十分浅薄。我对菲德尔产生了一种兄弟般的钦佩之情，在心中默默地感谢全能的上帝。"贝托神父是巴西多明我托钵修会修士。

那些在前殖民统治地——例如在香港——宣传西方式的民主的人似乎并不了解民主并不是他们在书籍文稿中读到和渴望的那种开明的制度。不错，那些民主国家中是有言论自由和其他一些"民权"。这些东西只是用以掩饰以下事实的精明的伎俩：政府的政策，特别是外交政策，有很多都是秘密制定的，而且是根据法律用国家安全的幌子掩盖起来的。这并不是否认任何国家都有一些事情是需要高度保密的，但是，许多关系到人民切身利益的问题一也被掩盖起来。一个现成的例子就是贫化铀的影响。有清楚的证据显示，在现代化战争中，贫化铀无论对"敌方"还是对"友方"都是构成危险的，但是美国和英国的政府却仍旧否认这一事实。

另一个例子是，当年艾森豪威尔总统批准把核武器储存在台湾，以便对中国大陆和苏联发动进攻。倘若征求台湾人的意见，他们会同意向他们的同胞使用这种致命的武器吗？我想他们是不会同意的。还有一个例子是美国以派遣顾问帮助越南政府为幌子遮遮掩掩地开始同该国进行一场战争。没过多久，尸体袋便运到了美国。当有人问及这些秘密的行动时，克林顿总统只是说："我们犯了一个错误。"此外还有意识地犯了并向美国人隐瞒了许多其他"错误"，而如果当初向美国人通报情况的话，他们中至少有一部分人本来会提出反对的。

距现在更近些时候，在克林顿任总统期间，是否曾告知美国人民，他们的总统背叛了尼克松、福特、卡特和里根签署的承诺美国将在向台湾提供战争武器方面保持克制的庄严协议？是否告诉了他们，有着很强的日本背景的台湾"总统"李登辉与美国相勾结，带着破坏同中国的统一谈判的意图钻进了台湾政治圈，以及他如何设法一步步朝"台独"的方向走去，而在这一过程中，他为防止同中国的统一需要什么武器美国就向他提供什么武器？我不想在台湾问题上表态站在任何一方，尽管台湾显然是中国的一部分。我要做的事情无非是揭露美国几任总统的自相矛盾以及他们如何误导自己的人民。

威廉·布卢姆在他的《流氓国家》一书中（在提到美国的时候）这样说过："从华盛顿多年来发表过的许多言论中可以清楚地看出，'民主'充其量只等于选举和公民自由，连就业、食物和住屋都不是这个等式的一部分。"

所以，我要用这样一个问题结束这一章："如果把人民排除在外，还有什么民主可言？"

第 30 章

民主的新概念

一个世纪以前，民主，正如希腊文的demos（人民）一词所意味的，似乎给人们带来了实现一种更平等的政治制度的希望。现在，这个词的那个意思已经基本不适用了，看来，把今天实行的制度称为"党主"（party-ocracy）或"资（本家）主"（capitalist-ocracy）会更合适。为党争权的斗争以及资本主义和军国主义的实行，与绝大多数民众的意志没有什么关系。现在选民们意识到他们一直被"民主"这个名字所误导，因此老牌民主国家中的选民投票率一年比一年低。一位加拿大议员最近发表的一份报告披露，加拿大选举中的投票率在1984年为75.3%，1993年为69.6%，1997年为67%。其他西方民主国家的选举中也可看出类似的趋势。我相信，这表明这个制度已经不灵了。需要进行一番研究，看看人民为什么对选举失去了信心或兴趣。

民选代表似乎太过脱离他们的选民的想法和需要了，或者也许是选民对参加竞选的候选人的水准失去了信心。尽管如此，像克林顿这样一些政治人物仍然颂扬西方的"民主和人权"的概念，就好像这些概念是本国和国外所有民选政府的基础似的。

那些拒绝实行西方制度的国家的情况也值得研究一番。这些国家中有一些被贴上"流氓国家"的标签，因为他们拒绝放弃他们的制度，改行西方的路线。事实上，他们的制度看来是一种理想的制度，但是对这种制度进行的试验却表明，它不能满足现代的需要。它的理论是：如果把所有商业和工业都置于国家控制之下，就能建立一个"各尽所能，按需分配"的国家。但是，人并不都是无私的，有些人不能与同事分担劳动的重担这样一个事实。在这种情况下，勤劳的人失去劳动的劲头，因为如果他们的同事不承担他们应当承担的那一份责任，那就会产生不满，引起争执。结果，经济就会因为没有效率。人和人并不全都一样。

除此之外，马克思主义还受到外国间谍活动和虚假宣传，尤其是西方的虚假宣传的影响。这些宣传把他们自己的"民主"描绘成天堂，搅乱生活在马克思主义下的人民的民心。对于那些可以透过正当的或龌龊的手段发财的人来说，那些极端的资本主义国家的确像天堂，而对穷人而言它们却可能像地狱。在第28章中，我举了一些马克思主义国家或被西方冠以"马克思主义"称号的国家的例子，这些国家的政府在美国的帮助下被推翻了。苏联就是这样的国家之一，当鲍里斯·叶利钦把他的人民拱手交由美国资本摆布时，苏联经历了地狱般的一段时期。俄罗斯人很快发现，当他们在经济上向美国投降之后，市场上有了大量的食品，但这只是对能买得起的人而言。那些买不起的人在高喊："给我们面包，而不是民主！"在俄罗斯，犯罪和腐败也很快就随之而来了。这些都是自由竞争的资本主义的通常的特点。在这种制度下，那些最不讲道德的人攫取了一切，而穷人则变得更穷。我的一位朋友把我们英语中的一句俗话"贫穷但是诚实"改成"因诚实而贫穷"，这一改真是贴切。当一个马克思主义国家沦为西方"民主"的受害者时，贫穷、失业及国家资源落入外国公司之手的情况就不可避免地接踵而来。许多曾对马克思主义的垮台感到兴高采烈的俄罗斯人现在已开始投前共产党候选人的票了，因为他们发现那个替代制度更糟糕。同样的情况也在波兰发生。

希望能发明一种把马克思主义和资本主义的最好的方面融合在一起的新制度，它尊重工人和雇主双方的权利，因而既重视解决社会问题也重视解决经济问题。最近几年，中国看来研究了马克思主义所主张的对工业实行国家控制的后果，以及实行某种形式受到控制的资本主义以便发展经济的必要性。中国是以允许农民在缴过税之后保留他们的某些产品并拿到开放的市场上去售卖开始的，这样做的目的是鼓励人们努力工作，增加收入。此后，又出台了另外一些鼓励人们的劳动劲头以提高其生活水平的新办法。这样做并没有使公务员受益，因此出现了贪污受贿和各种营私舞弊的现象。现在，政府看来正在解决这个问题。香港在第二次世界大战结束以后也有过相同的经历，后来发现向低薪水公务员提供好的条件大大减少了先前存在过的贪污受贿和营私舞弊现象，尤其是在收入低下的警察中的这种现象。

在一个像中国这样大的国家内，要纠正所有的弊端是需要时间的，这个国家也不可能在短时间内实现所有人的意愿。不过，看来中国正在寻求建立一个公正繁荣的社会的正确方案。我自己的建立廉洁政府的方案是把具有人道面孔的社会主义同具有慷慨之心的资本主义结合起来——实现这个目标谈何容易，但是，如果能颁布适当的法律来处理任何一方的弊端，做到这一点也不是不可能的。

值得研究的另一个国家是古巴。我从未去过古巴，也不认识居住在那个国家的任何人，但是，我肯定，如果古巴人民真的像美国竭力要证明的那样受到压迫，那他们肯定会同美国合作来推翻政府，就像其他中美洲和南美洲国家接受了美国的胡萝卜一样，尽管他们后来发现只有大棒，皮诺切特的智利就是一个例子。一个众所周知的事实是，古巴民众的文化程度很高，它的免费教育和医疗服务据信是世界上最好的之一。据我所知，没有任何人报道过古巴有古拉格政策或有人失踪的事件，而在美国干预过的其他邻国却挖掘出来一些失踪者的尸体。这些事情我在本书第28章内曾提到过。在美国支持其军事独裁者的那些国家内发生的暴行不胜枚举。可惜，大多数国家的普通公民却只是溜一眼本地报章上的新闻，只听电视上的那些哗众取宠的俏皮话，或者只读报章上的误导人的大字标题。以我看，现在有人故意用物质享受、狂野派对、毒品和其他庸俗的玩意儿来刺激年轻人，转移他们的注意力，使他们不去关心世界大事和严重的问题。所幸的是，并不是所有年轻人都中了圈套，现在有更多的人开始反对国际上的不公正现象。我们从在西雅图、华盛顿和布拉格举行的反对世界银行、国际货币基金组织和世界贸易组织的示威中就看到了这一点。我对导致暴乱和死亡的暴力示威感到遗憾，但是近来的和平示威表明了真正的关注，它们传达的信息是不应当忽视的。作为问题的症结的全球化必须把所有人的生计考虑进去。否则，我们这个世界最终只会剩下不受节制的资本主义和对工人的奴役了。

从我上面所谈到的想必看得很清楚，我对今天假"民主"之名所发生的事情彻底幻灭了。欠发达国家（西方喜欢这样称呼这些国家）内的年轻人对于诡称民主可以解决所有问题的谎言照单全收，因为宣传机器在散布这样的假消息。但是，民主不是资本家送给工人的礼物。真正的民主植根于人民之中，从草根阶层向上发展。

我父亲的那一代有许多人相信，经由社会主义，他们可以带来权利和机会平等的更好的民主。这些价值观后来被资本主义和帝国主义的宣传机器接了过去。他们被那些说起话来语意双关的政客所利用。他们教给民众的那种民主概括起来就等于是资本主义。当他们说"援助"穷国时，他们的意思是控制和重组那些国家的经济。当他们谈论"人权"时，他们指的是言辞而不是行动。当他们说"机会均等"的时候，他们指的只是让那些接受他们的政治条件的人得到机会。事实上，殖民主义同"经济援助"之间没有多少差别或者根本没有差别，因为两者都是要控制比较弱的国家。我们必须牢记，殖民主义牺牲殖民地民众的利益使殖民者的商业公司发了财，而这种殖民哲学至今没有改变，尽管它被语意双关的言辞掩饰起来。

古巴的民主选举制度值得研究一下，看看其中是否有我们可以借鉴之处。菲德尔·卡斯特罗在同弗雷·贝托谈话时解释说，古巴是从很小的选区里挑选代表的，每个选区只有大约1000名选民。全国有11,000个这样的小选区。候选人由居民大会提名，而要获得提名，候选人至少需得到50％的选票。这些小型居民大会选出的代表将成为较大的区的委员会成员。然后他们再投票从中选出参加更大的委员会的代表，最后则选出政府代表，向总统提供咨询。

这个制度的弊病在于在居民大会一级会有行贿受贿或进行恐吓的危险。它的长处是选民认识他们投票支持的那些人，而且他们有责任确保选出的人是能干和诚实的。即便是不记名投票，即便是颁布了严格的法律防止行贿受贿，那大概也还是需要有某种在最高一层调查投诉、使选民能秘密举报营私舞弊、威胁恐吓以及行贿受贿行为的制度。任何制度都不是绝对没有漏洞和绝不会被犯罪活动利用的，正如我们在许多自称民主社会的国家内所看到的。我并不是在鼓吹采取这样的制度，而只是指出，如果能够以绝对诚实的精神实行这种制度，它能确保每个人在政府中拥有真正的代表。然而，再好的制度也要由好人来实施才行。

关于我在前面提到的一个问题，即西方民主选举把钱浪费在巡回竞选上，我想提出一个使选举只需花很少的钱、使较穷的候选人或厌恶献金的候选人也能参加竞选的办法。无论我们对献金做出什么样的解释，接受献金的人总会对捐款人产生一种欠债感。对此，我的建议是禁止政治捐款，也禁止派发选举小册子，禁止挨门逐户地游说或任何种类的拉选票行为。可以由政府发布一份选举纪要，在该纪要中，给每位候选人相同的篇幅，供他宣布自己的政纲、列数自己的成就和资质才干。这种纪要将印出来免费邮寄给所有选民。如果纳税人觉得有必要，可以向每位候选人收取一部分工本费，不过这种收费会是微不足道的。我知道这样一来就会失去竞选时期和巡回演说的那种乐趣和刺激，但是以更郑重、更庄严的方式举行选举会有很大的好处。竞选辩论常常变为谩骂比赛，这对选民没有任何好处。我还没有看到过哪次选举会议真正触及对选民真正重要的问题，也没有看到选举之后采取了在竞选中许诺过的行动。我建议的制度还可以鼓励不愿意把时间和金钱花在拉选票上的高素质的候选人参加选举。

在香港处于殖民制度下的150多年中，香港人民一直没有民选代表。在那个时代，即便提一下"民主"这个词都可能毁掉一个人的前程。我可以根据自己的亲身经历这样说，因为在20世纪60年代初，我为贫苦儿童办的学校里的两位欧洲籍的经理曾警告我，说只要我停止揭露政府中的贪污受贿行为，我的学校就会得到援助。此前殖民政府曾对这两位经理说，如果我不接受劝告，他们就得辞职。我拒绝了劝告，他们也真的辞了职。那次会议的记录表明，那两个人若不对我提出上述劝告，他们就会在自己的工作中受到惩罚。

自西方的民主概念诞生以来，世界发生了巨大的变化。这个概念的初衷是保护工人不受剥削他们的雇主的欺压。现在是修改这个制度，在工人和雇主之间实现一种平衡而不是对抗的时候了。当不满的工人举行罢工时，他们在罢工期间会给自己的家庭造成损失。与此同时，他们可能给雇主以及有关社区的经济造成损失。如果双方在谈判桌上谈，设法理解彼此的难题，那就比较好。如果达不成妥协，那就应当由一个独立的法庭来解决这个问题。应当遵循的原则是，雇主不能剥削工人，工人不能要求太高，致使他们的雇主破产。在里根总统和撒切尔首相执政时期，有钱的资本家变得更有钱，穷人变得更穷。另一方面，工会领导人有时会鼓励工人提出不合理的增加假期、提高工资、给予赔偿、长期服务补贴以及提高解雇补偿金等要求。所有这些都可能被视为合理的要求，但是，如果这种增加超过了合理的限度，那么，从长远来说，工人和小企业都会受到损失。那些要求为妇女增加全薪产假的工会会员其实是在鼓励小企业雇主不去雇用年轻的已婚女性，因此他们的要求是不符合妇女的利益的。我记得有一个小企业主和他的太太攒了一些钱，打算生个孩子。他有两名员工，都是年轻的已婚妇女。两人都通知他，她们将在他太太的预产期前后分娩。这样，他就得不仅负起照料自己家人的责任，而且还要给他的员工和替工发工资。我的意思并不是说这种福利是错误的，而只是要说明所有问题都有两个方面，每个方面都要本着理性的态度处理与对方的关系。和谐的谈判总好过激烈的对抗。

香港回归中国后实行的新的政治制度试图在劳资之间实现平衡。在像香港这样一个资本和劳工是唯一财富的社会内，在这两者之间实现平衡是至关重要的。到2004年，立法会中的半数席位都将在地域选区内透过普选选出，另一半则由照顾像商界人士、专业人士以及工会会员等团体的利益的功能组别选出。在我看来，这是一个非常平衡的制度，但我要加上一个条件：功能组别需要进行某些细微的调整，确保所有人的利益都被照顾到，例如老年人的利益、残障人士的利益、没有工作的家庭妇女的利益以及成年学生的利益等。如果立法会的所有成员都由直选选出，我担心我们会无法找到那些具有专门知识的人士，因为许多专家都没有兴趣参加竞选嘉年华，实际上他们也没有时间去组织这样的活动。香港人现在需要开始非常仔细地考虑这样一些问题，因为一旦我们在2007年采取这重要的一步，如果这个制度运转得不好，那就没有退路了。"一人一票"并不像某些天真的政客所宣扬的那样是解决所有问题的灵丹妙药。只要看看一些邻近的"民主"社会的情况，就可以找到这种制度失败的例子。这些例子包括菲律宾、印度尼西亚、穷困不堪的泰国、腐败的日本以及在1997年的亚洲经济衰退中几乎垮掉的其他（得到美国支持的）失败的"民主"国家的悲剧。就香港而言，我们面临的问题是，年轻人被煽动起来反对他们自己的国家，而无视这样一个事实：我们的自治取决于奉行"一国两制"的概念。我们的从政人士中有些人并不成熟。他们有改变中国政治制度的雄心，却不知道如何管理我们自己的经济。不仅如此，他们对世界上的事情以及世界各地不断增加的危险似乎知之甚少。

最近我看了一些电视节目，对一些年轻的经济学家和学者的渊博知识留下了深刻的印象。若由他们来管理香港，会比我们的某些从政人士强得多，但是他们对参加激烈的选战毫无兴趣。不幸的是，许多想当议员的人却不大知道或者根本不知道好的治理需要什么条件。有些从政人士只考虑下一次选举，为了拉选票而反对人们提出的所有明智的建议，实际上这是在破坏经济。

许多美国人和加拿大人，还有一些亚洲人，都看到了在单一的超级大国控制着几乎所有大规模杀伤武器并且在研制更多的这种武器的情况下，未来会出现的危险。然而，香港的从政人士却依旧把那个超级大国奉为香港的好样板。他们主张实行民主，理由是任何政党都不能垄断权力，也就是说，他们为多元化而斗争。但他们却没有注意到缺少一种民主的世界秩序这一事实。在民主的世界秩序下，任何国家都不能对所有其他国家发号施令，任何国家都不能以使用军事力量来威胁任何持有不同意见的国家。亚洲、非洲、中南美洲和欧洲有无数反对美国的世界霸权的异见人士被铲除了，然而，那个国家竟然同那些把本国异见人士投入监牢的国家断绝了贸易关系。我的意思并不是说我赞成监禁异见人士。我只是指出美国所鼓吹的事情与它实际做的事情之间是多么不一致。我认为，除非世界各国醒悟过来，对这种握有比希特勒曾梦想的更加强大的军事力量的世界范围的法西斯主义有所认识，否则未来会出现极大的危险。

　　我们有些人，包括我本人在内，当年就忽略了在希特勒统治下的德国存在的不断加剧的危险。我们根本不相信会发生这样的事。我们为那个错误付出了沉重的代价。世界是否又要犯同样的错误？一个疯子执掌白宫大权就足以危及全世界。罗纳德·里根曾表示过这样的观点：基要主义基督徒鼓吹善恶大决战似乎可以在《圣经》中找到某种依据。善恶大决战是一种世界末日说，而有些世界末日教派，在他们的预言没有如期实现的时候，就设法制造他们自己的善恶大决战。想到某位笃信这种世界末日教义的美国总统可能于某一天在华盛顿按下核电钮，以实现他的世界末日信仰，真令人毛骨悚然。无论是乔治·W.布什，还是白宫中的任何别的人，都不能自称既是一个基要主义者又是一个民主派，因为基要主义者声称除了他自己以外任何人都不掌握真理。世界应当提防这种领导人。他们给世界造成威胁。

第31章

投票制度

我在前面的一章中提到，撒切尔夫人的保守党在只得到大约40％的选民支持的情况下，统治英国将近20年。这40％还没把那许多根本不投票的潜在选民计算在内，所以说，她的党的实际支持率可能还不到30％。这种投票制度无论如何不能说是民主的，因为它忽略了太多"demos"（人民）的愿望。

并不是所有国家都实行这种不民主的制度。在有些国家内，如法国，选举中的获胜者必须赢得50％以上的选票。即便是这样，要使这个制度更民主一些，也需要像在澳大利亚那样把投票规定为强制性的，而且还要使选民有机会在他们选择的候选人的名字上或在"以上候选人都不选"的那一格里打钩。此外还得为那些无法到投票站去的人做出特别安排。2000年的美国选举就暴露了那个国家惊人地缺乏民主和投票制度亟须改革的情况。

香港在1997年之前的150年内一直受殖民统治。香港的立法局是一个小型议会，但直至回归时间将近时一直没有任何选举制度。立法局的成员不是公务员就是政府委任的人。人民的权利完全依赖英国委派的港督的水准，因为任命立法局议员是港督的责任。我在香港住了半个世纪。在头25年中，看来政府委任的议员所照管的是大企业的利益，根本不理会贪污受贿所引起的不公正。事实上，在那些年中，任何人要是不这样做，那就不会再获委任为议员了。1970年，穆里·麦理浩爵士被任命为港督。自那以后，情况就开始变好了。他原是外交官，了解中国人和他们的文化，而且，我相信，他还是个民主派。尽管他未能实行政治民主，但他却进行了人们在民主制度下会预期的那种社会变革。

我1951年来香港时，香港举行的唯一选举是市政局选举。市政局所掌管的是文化、娱乐和公共卫生事务。该局后来又成立了负责公屋管理和政策的委员会。即便如此，它也不是一个民主机构，因为它的成员中包括8名委任议员，8名由少量选民选出的议员，还有6名是公务员。因此，所有决定都由殖民政府控制，因为委任议员在投票时很少违背政府的立场，否则下一任期就不会再次受到委任了。在麦理浩任港督期间，公务员不再担任市政局议员，而且市政局得到了财务自主权。然而，如果有谁提议某个机构完全由选举产生或者要求立法局实行选举，那在英国政府看来无异于叛国行为。我们被告知，在香港举行选举会造成不稳定，会破坏经济。一个叫作压力团体常务委员会的政府机构的建立就是为了对那些谈论民主或改革的人进行调查，许多人的电话被窃听，看看他们要干什么。发表反对贪污受贿的言论对政府是个威胁，因为许多公务员，其中有一些高级公务员，都与贪污受贿行为有牵连，因而需要保护。港督麦理浩是首位对贪污受贿行为采取行动的港督，因此有些人不喜欢他，不过他在普通公众中的声望是很高的。

一直到了20世纪80年代，才在全港范围内举行直选，选出两个市政局和区议会的半数席位。正如人们可能预料到的那样，投票方法是仿效英国的"得票最多者获胜"的制度，尽管这个人可能在一个有三位或更多候选人参选的选区内赢得了比例很小的选票。在香港，要成为选民，必须进行登记，而这里有许多成年人，特别是妇女，是没有受过什么教育的，还有许多本来要投票的人不知道如何登记。没有受过教育的人是很容易操纵的，只需举行一些野餐、音乐会，送一些廉价的旅游票或给予其他小恩小惠，然后再告诉他们如何投票就行了。在我看来，这是一种腐败行为。有一次我从一间我与一位市政局议员合用的办公室搬了出来，原因就是他在搞这样一些活动，而我不想让别人觉得我也参与了他的那些做法。

尽管发生了这些变化，直到香港快要回归中国的时候这个地方一直没有实行民主制度。在1955年之前，立法局一直是由官员和委任议员组成的。英国政府的借口是，实行选举会破坏香港的稳定。

从区议会议员选举的结果中可以看出：英国一直保留到香港租期届满时的"得票最多者获胜"这种投票制度的弱点。如果一个区有两万名已登记的选民，有四位原候选人参加竞选（情况常常是这样），一位候选人只需赢得25%稍多一点的已投选票就算获胜了。有些区很小，又有很多选民不去登记或不去投票，那么，一位候选人只要获得几百票就可能赢得席位。

为突出说明这个制度的不公平，我们可以看看英国的情况。英国有三个主流政党，即保守党、工党和自由民主党。假定一个选区有投票权的人口为54,000人，通常会至少有三名候选人，即每个党一名。如果保守党候选人获得21,000票，即占39%，工党获得18,000票，占33%，自由民主党获得15,000票，占28%，那么获胜的将是得到少数人支持的保守党成员。超过60%的选民不会支持他，然而他却获得了在议会中的席位。为了立论的方便，假定全国需要选出的席位为650个，根据上面所举的例子，保守党最终可能获得已投选票的39%，但该党所获得的议席却占52%，也就是340席。工党获得33%的选票，议席却是300个。自由民主党获得选票占27%，但却只有10个议席。因此，议会根本不能代表人民的愿望。

　　如果在这同一次选举中，按每个党得票的比例来分配议席，那么保守党会得到252席，工党得214席，自由民主党得182席。这样一来，选民在议会中就会得到公平的代表了。如果英国在撒切尔夫人执政的那个时期实行的是比例代表制，对她的政策的不满情绪就会在很大程度上得以避免。例如，当她推出征收人头税的法案时，她在议会中的多数议席使得该法案得以通过，尽管人口和议员中的绝大多数都反对这项法案。由于保守党当时只得到大约40%的选票，如果在分配席位时实行比例代表制，该法案肯定会在另外两党组成的联盟投反对票的情况下被击败。或者，为了保全自己的政府，撒切尔夫人会被迫收回该法案。最后，那个法案通过了。可结果是，许多人拒绝缴纳该税，最终酿成了严重的骚乱，迫使首相撤销了人头税法。所以说，这些骚乱本来是可以避免的。

1997年香港回归中国后，实行了比例代表制。人们看到，实行这种制度的结果是席位的分配比较公平，能代表选民的愿望。说来很奇怪，反对这种变革的竟是"民主派"，因为他们知道他们得不到多数民众的支持，而英国的制度给他们的席位比较多。公平并不是他们要考虑的事情，这与他们声称他们笃信民主形成了可悲的反差。

事实上，世界各地越来越多的地方在采用比例代表制，但是有些政府则抵制会削弱他们现有权力的变革。

因此，我认为，我们香港应当继续实行这种比较公平的投票制度。

第 32 章

关于民主和假民主的言论摘录

大约半个世纪之前，我相信民主的含义就是它所说的那个意思，即"人民的权力"。可是在过去的这半个世纪中，我的民主和世界和平的梦想却被粉碎了。民主，至少是西方世界的人一直以来被灌输的那种民主，也被粉碎了。它已不再是指它所说的那个意思了。

从我阅读的那些主要是（但不全是）美国学者撰写的历史和政治书籍中，我开始认识到，只有到世人不再相信宣传、开始从事实中探求真相的时候，这个世界才有希望实现真正的民主与和平。我们若真想把世界从谋求权力者的手中夺过来，把它交给关心人民的人，有些课程是必须学习的，而我从自己阅读的书籍和文章中摘抄的这些语录就应当能教给我们需要学习的东西。

这些语录是随手挑选的，没有什么特定的连续主题，但是作为语录，他们对政治演说家可能会有用。我希望，它们能激励读者去阅读被引述的书籍并更多地了解这些书籍所依据的事实。倘若能如此，那就更好了。

圣雄甘地（Mahatma Gandhi）：

选民同候选人的私人关系往往比候选人的资格才干对选民的影响更大。他们（选民）应当考虑候选人的观点而不是他们的政党的观点。他们的品德比他们的观点更加重要。一个品德高尚的人值得放到政府中的任何职位上。

海伦·凯勒（Helen Keller）：

我们投票！这意味着什么？他们（政客们）利用国家的资源，但不是为了我们，而是为了他们所代表和维护的那些利益。我们投票！这意味着什么？它意味着我们在两个由实际的、虽然不是公开宣称的独裁者组成的政党中做出选择。我们在特威德德杜和特威德德迪（英国作家刘易斯·卡罗尔的童话《爱丽斯镜中奇遇》中两个长得十分相像的兄弟——译者注）中做出选择。

海伦·凯勒的同代人埃玛·古德曼（Emma Goldman）：

我们现代拜物教的崇拜对象就是普选。

霍华德·津恩（Howard Zinn，美国学者）：

法治通常意味着不论何人，只要他能付得起律师费而且能等得起，他就一定会赢。正义没有多大的意义。

津恩反对约翰·霍普金斯大学的塔克（Tucker）教授的说法。塔克教授呼吁：

采取一种使美国重生的政策，防止激进政权在中美洲上台。没有令人信服的理由相信这种情况不会发生。右翼政府必须得到外界不断提供的援助，甚至在必要时以派遣美军来施以援助。

津恩还说："塔克的建议成了里根政府对中美洲的政策。（参见本书有关实施中的门罗主义的第28章）"

迈克尔·帕伦蒂（Michael Parenti）：

大约400家（美国的）跨国公司控制着全球自由市场的大约80%的资本资产，而且还在把他们的控制延伸到东欧的前共产党国家……世界上所有的银行大盗合在一起所造成的损害也达不到世界银行在仅仅50年中所造成的损害的千分之一。

亨利·基辛格在为1973年在美国的帮助下推翻民主选举产生的智利总统萨尔瓦多·阿连德进行辩护时说："当我们必须在经济和民主之间做出选择的时候，我们必须拯救经济。"

"基辛格只说了一半真话，"迈克尔·帕伦蒂反驳说，"如果他说他希望拯救资本主义经济，那就是讲了全部真话了。"帕伦蒂还说：

　　1955年，中央情报局在印度尼西亚花了100万美元支持一个保守的穆斯林党，但这个党在选举中成绩不佳，于是中央情报局便试图使选举结果无效，它采取的办法是支持一场武装政变，使大约50万到100万人死于非命，酿成自第二次世界大战期间纳粹对犹太人进行大屠杀以来最严重的流血……1988年，在墨西哥，甚得人心的左派候选人在选举中处于领先地位。政府没收选票，阻止反对派前去投票，美国支持的候选人萨莱纳斯被宣布为获胜者。对人民的强烈抗议，美国根本不予理睬……美国的选举制度令人望而却步。例如，它使少数党无法参加竞选，报名费太高，投票资格限制太严，对媒体的利用受到限制、竞选开支太大以及没有比例代表制。这些使得那些得不到有钱的捐助者支持的其他政党无法向许多民众宣传自己的纲领。

　　1993年9月27日，美国总统比尔·克林顿在联合国说："我们的压倒一切的目的是扩大和加强世界上的以市场为基础的民主国家的范围和力量。"而在1993年10月5日，《纽约时报》把俄罗斯总统鲍利斯·叶利钦颂扬为"在俄罗斯实行民主和市场经济的最后希望"，可是当时叶利钦正在动用军队废除宪法和议会，杀害和监禁大量示威者和反对派。

俄国的一则笑话：

问：资本主义在一年之中做了什么事情是社会主义在70年内没有做到的？

答：使社会主义看起来还挺不错。

在1993年的维也纳人权会议上，好几个代表同意这样的看法："西方坚持普世通用的标准，这就是在实行人权帝国主义。"（注：乔治·W.布什在其任总统的第一年就发出了他打算继续实行人道帝国主义的暗示，而在他上任一个月后，他就表示，他将在美国全国大力推行基督教基要主义！）

斯梅德利·巴特勒将军（美国最高军事英勇奖的两名获奖者之一）：

还在当军人时，有很长一段时间我就怀疑战争是一场骗局，但直到我重返平民生活，我才完全认识到这一点。

爱德华·勒特瓦克（Edward Luttwak，战略及国际问题研究所研究人员）：

当较好的希望被苦涩的失望磨蚀殆尽的时候，民主就会变得脆弱不堪，从而让位于蛊惑家们开出的骗人的烈药。一度是让所有人富裕起来——美国梦——的政治对大多数美国人来说成了显然不现实的东西，于是，法西斯主义的、排外的或阶级的不满情绪就可以比较正当地获得选票。（正是因为这个原因，纳粹在20世纪20年代和30年代会变得颇得人心。）

一位非洲裔美国人的话：

我向上帝发誓，我仍然弄不明白为什么民主意味着所有人，唯独不包括我。

马克·吐温（Mark Twain）：

政治家们会发明一些廉价的谎言……而且每个人都会乐意听这些谎言并加以研究，因为它们能抚慰他的良心；这样，用不了多久，他就会使自己相信，这场战争是正义的，而且他会感谢上帝使他能透过欺骗自己而睡得安稳。

诺姆·乔姆斯基：

美国反对中东的民主，因为操纵为数不多的统治家族来获得军火订单及确保石油价格保持低廉，要比对付一个民主制度下肯定会出现的各种各样的人物和政策来得简单得多。

约翰·斯托伯（John Stauber）和谢尔登·兰普顿（Sheldon

Rampton）：

曾经激励我们的革命先辈的草根民主如今已经让位于政治精英统治、贪污和兜售影响了。美国有27位参议员（1955年）是百万富翁，有什么人真的相信这只是一种巧合吗？美国合格选民中劳神去投票的人还不到一半。怀疑、疏离和失望成了人们对政府的典型态度。公共关系行业正在扮演把草根政治的定义完全颠倒过来——为他们的精英客户的利益服务——的角色。公关行业偷去了我们的梦想，将它们包装成幻想之后又还给我们。我们有义务把梦做得更深沉一些，而且要参与把这些梦想变成现实的过程。

马丁·凯特尔（Martin Kettle，摘自2001年3月号的《卫报周刊》）：

美国人现在只同他们自己保持一种特殊关系。

（他还说，加拿大已经汲取了这个教训，但是，布莱尔还没有。）

乔纳森·鲍威尔（Jonathan Powell，摘自香港《南华早报》，2001年3月）：

共和党的对外政策……知道，他们可以用来证明其（陆基导弹防御系统）必要性的唯一的好例子就是北朝鲜。美国政府最高层

（同北朝鲜的）这种可能是殊死的决斗的结果大概会决定在我们这个时代我们在东亚能否拥有和平。

结论：

迈克尔·帕伦蒂（Michael Parenti）在《反对帝国》（*Against Empire*）一书中说：

我们最大的希望就是，未来也能同过去一样，当事情显得毫无希望的时候，在这片土地上（即美国）能听到一种新的呼唤，而那些将会成为我们的主人的人会从他们所处的巅峰上被震落下来。我们不仅应当热爱社会正义甚于个人的得利，而且必须认识到我们个人的最大得利是来自为社会正义而斗争。当我们同全人类站在一起的时候，那也是最能体现我们个人的人道精神的时候。

后记

如果有谁怀疑过乔治·W.布什是否会将他在竞选时许下的鹰派诺言付诸实施，那么，这些怀疑现在肯定不复存在了。他甫一上台就干了一件漂亮的事：实行为长期受苦的亿万富翁减税的计划，宣布他要把纳税人的钱还给纳税人，尤其是还给最不需要这些钱的那些人。但是，他对千百万营养不良的和无家可归的家庭——其中非洲裔美国人的数目之高完全不成比例——的问题却只字未提。如果他们被当作人来看待的话，他们至少应当有一个栖身之所。那些超级资本家和鹰派人士当然满心欢喜。乔治·W.布什是他们的人。

布什还宣布，他打算使美国北部地区的环境受到进一步的破坏，以满足工业家们的贪欲。他将使基督教基要主义者感到心满意足：先是告诉他们，他是一个"再生"的基督徒（我觉得这个词意味着举止像基督，虽然这个意思似乎与布什其人截然相反），然后再向堕胎宣战，从而保住未出生的婴儿；而与此同时，他一上台就轰炸伊拉克的举动却表明了他要继续实行克林顿的军事政策，即在他认为"需要"为了美国的"国家安全"和经济利益进行空袭的任何地方杀害已出生的儿童。他还将使军火商们感到高兴，因为他将继续里根所未能完成的被称为"星球大战"的危险游戏。这项计划的实施当然会损害最穷的人的利益，因为他把钱还给了最富的纳税人。乔治·W.布什得有一个很好的开头，向世人证明他现在统治着整个宇宙、地球、天空和太空。

同样使军火商感到高兴的是，布什还表明，他将向台湾供应更先进的武器，不管这是否会加剧同中国之间的紧张关系。对中国，他肯定会进行人权说教，尽管他既不相信人权，也不要求那些对美国公司开放其经济的国家的独裁者尊重人权。

布什还明确地表示，北朝鲜将遭受另一轮苦难和孤立，甚至陷入比这更糟糕的境地。2001年3月，《华盛顿邮报》记者格雷格·托罗德（Greg Torode）的一篇文章被刊登在香港报章上。托罗德在谈到给亚洲带来很高的和平与合作希望的南北朝鲜之间的和平谈判时说："布什没有排除未来同北朝鲜展开对话的可能性，但他对那个国家是否开放到了使美国可以考虑与之进行正式谈判的地步表示怀疑。"布什没有澄清他所说的"开放"是什么意思，但是，如果这个词与美国在世界各地所指的是同一个意思的话，那他大概是指"对美国公司开放，让他们来剥削，同时也对中央情报局的特工人员开放，让他们扩大他们的间谍网"。在这里我要插一句，请问美国政府有什么神授的权利充当世界上的谈判仲裁者？如果由它来仲裁，那还要联合国干什么？

布什在接受电视记者采访时（香港播放了这次采访的一部分）把北朝鲜说成是一种"威胁"。当记者问到北朝鲜给美国造成了何种威胁时，布什一时语塞。这毫不奇怪！任何人都无法想象在经济上饿肚子、在外交上被孤立的北朝鲜能给任何国家造成危险，更不要说对几乎垄断了各种大规模杀伤武器的美国造成威胁了。

通常总是头脑不清楚又不善于与人沟通的布什在访谈中支支吾吾地回答说："与北朝鲜打交道的困难之一是没有多少透明度。"他没有说明他希望要多大的透明度。对透明度怎样来衡量？他的意思是不是说，美国应当用对付伊拉克的办法对付北朝鲜，让美国军队把每一件武器都探察出来，并且像他们在古巴、伊拉克和其他国家试图做的那样标出可能的轰炸目标，以便把该国领导人铲除？有什么国际法律要求北朝鲜（以及世界各国）剥光衣服让美国检查吗？北朝鲜在它自己的国家内干什么，那是它自己的事，我没听说过北朝鲜侵略过他国，可西方的大多数国家，尤其是美国，就不是这样了。

布什在这次电视采访中继续支吾其词地说："我们不能肯定他们是否在遵守现有的所有协议的所有条款。"他没有提到是哪些协议，我猜他什么协议也不知道，只是虚张声势掩盖他的无知而已。无论如何，北朝鲜有必要向美国汇报它履行它可能同其他国家订立的任何协议的情况吗？或许布什先生会看一看他自己的国家由前总统尼克松、福特、卡特和里根订立的表示美国要在"向台湾供应战争武器方面实行克制"的协议。布什已经决定仿效克林顿树立的坏样板，背弃那些协议，向台湾承诺提供更先进的武器，从而也危及了中华人民共和国同台湾地区领导人之间的谈判。中国的统一可能符合中国和台湾地区的利益，但却不符合美国的利益。

电视采访进行到这里，布什的国务卿科林·鲍威尔前来为他的讲话结结巴巴的总统救驾了。他解释说："我们对这种'威胁'的性质不能抱天真的态度。布什先生了解那个政权的性质，不会被那个政权的性质所欺骗。"鲍威尔是在暗示布什天真吗？虽然布什根本没有表现出他有多少了解，但鲍威尔却声称布什完全"了解"。

但是，布什了解什么？人们可以猜到，布什所了解的只是，北朝鲜是一个社会主义国家，因此自然而然就是一个对那些贪婪的公司的商业利益以及谋求世界霸权的人不友善的"流氓国家"，这在寻觅经济猎物的美国鹰派的眼中是十恶不赦的。

我本人对北朝鲜知之甚少，从未访问过那个国家，也没见过在那个国家生活的任何人。我所知道的是，情况绝不是具有不同政治色彩的批评者所描绘的那样。使我对这些批评者抱有怀疑的是这样一个事实：像古巴和北朝鲜这样的社会主义国家对于像美国这样的西方国家的游客是禁地，尽管那些国家欢迎游客。是那些西方国家害怕他们的公民可能发现"流氓国家"的情况并不像他们的政府对他们说的那样糟糕吗？在这一点上，我在读到有关英国的安妮公主自己要求访问西藏却不被允许的消息时感到很震惊。为此提出的理由是，中国可能"利用"她，这真是荒唐可笑。难道他们不相信公主会做出她自己的判断吗？或者说，难道不是他们害怕她会了解到一些与他们的宣传相抵触的情况吗？如果连英国的公主都得不到批准去做她想做的事，那还侈谈什么自由、什么旅行的权利？我相信，许多像我这样的人都会愿意听听她怎么说，因为我们在西方的宣传下生活的时间太久了。

现在再回到布什总统对电视记者的谈话上来。我注意到，当布什显然否定了南朝鲜总统金大中为同北方的同胞进行沟通及改善关系的全部努力时，金大中的脸上现出了错愕的表情。由于西方的干涉而分离50年之后又能见到家人的那些访客的脸上清楚地流露着对南北朝鲜之间实现和平的希望。看来有一点是肯定的：南朝鲜总统是不能自由地为自己的国家做决定的。然而，从他过去的表现来看，金先生不大可能屈服于美国总统要他停止会谈的要求。在这个问题上，朝鲜人民也不大可能接受布什的指令。金总统有着作为一名为朝鲜人民的权利而奋斗的坚强战士的记录。

汤姆·普雷特（Tom Plate）于2001年3月12日在《南华早报》上撰文谈到布什这次接受电视记者采访时："在接受记者采访之前同金先生会谈时，布什先生说，他的政府即将中止同北朝鲜的双边会谈。所以说，美国新总统所做的事情使金先生万分痛心。"这是一个"再生"的基督徒或一个民主派之所为吗？

普雷特赞扬了金先生。他说："尽管如此，这位南朝鲜总统绝不仅仅是一个寻常的民主派。尽管他的国家内还存在困难，这位具有传奇色彩的前政治犯、最近的诺贝尔和平奖得主，为结束在北方的失败的共产党国家同南方的成功的资本主义之虎之间长达半个世纪的战争状态而做出的富有远见的努力是广受世人敬重的。"然而，布什这个世界舞台上的新手居然使一个被他的国家视为英雄的人万分痛心。他居然就一些他根本不懂的问题做出影响重大的决定。这让人们想起一句西谚："把珍珠丢在猪面前"，或者中国谚语："对牛弹琴。"

事实上，布什看来不仅有意进一步分裂南北朝鲜以及使台湾更加疏离中国，而且他还透过他的值得怀疑的竞选手法在美国人中制造了分裂。他撕开了南北方美国人之间以及非洲裔美国人同白人之间的旧伤,暴露了数百年来的分裂文化。我听到过美国人颓丧地这样问:"美国人怎么会把这样一个人送进白宫?"是啊,也许有朝一日历史学家能解开这个谜团。

与此同时,我只能做这样的推测:布什任总统后,世界和平受到的威胁增加了。世界上最大的危险莫过于这样一个无能的领导人上台执政,为了弥补自己低下的资质,他到处耀武扬威,以显示他多么了不起,多么有权势。更糟糕的是,布什所得到的最大支持来自鹰派,而这些鹰派是如此不讲道德原则,就连强硬的国务卿科林·鲍威尔看来都受到他们的批评,指他过于软弱。

沃尔特·罗素·米德(Walter Russell Mead)最近在《洛杉矶时报》上发表的文章看来是抨击美国鹰派的。他用这样的话描述了鹰派的态度:"在世界历史上,美国所拥有的力量和金钱比任何国家都多,我们需要使用这些力量和金钱。而且由于我们是如此强大,如果我们让别人知道我们是认真的,他们就会屈服。"克林顿的国务卿玛德琳·奥尔布赖特已经向世界传达了这样的讯息,本书中也已经引述过。即便只是为了揭露这一讯息的邪恶,同时也为了暴露美国扩充军备的意图,在此重复一下奥尔布赖特传达的讯息也是值得的。她说:"如果不使用,那要这支世界上最大的军事力量又有何用?"

这些军事力量究竟有何用?在这些武器的受害者的长长的名单上,下一个是哪个国家?如果处在那个职位上的人说"当各国人民都在呼唤和平的时候,要这支世界上最大的军事力量又有何用?让我们开始销毁我们的武器并减少我们的已不再需要的军事力量吧",那将是给世界的一份多么美好的礼物啊。

作者自述

我一岁那年，第一次世界大战爆发，我的父亲被派往欧洲去打仗。作战期间，他在战壕内中过毒气，落下了终生后遗症。我姐姐差不多长我三岁，这使我受益匪浅，因为她的学习成绩相当出色。我向她学了不少东西，所以，当我五岁开始上学时我已经先行了一步，老师们都对我称赞不已。

我们家属于劳工阶层。我父亲在11岁时就成了孤儿。尽管他在学校内成绩优异，但却无法继续读书，小小年纪便不得不干起为食品店老板送信的差事，帮助养活弟弟妹妹。他的姐姐照料着这个六口之家，而且我们这个四口之家也一直同父亲的这位姐姐生活在一起，直到我八岁那年。她是一位颇有风度的女士，对我疼爱有加，直至她以97岁高龄去世。当然我从未见过我的祖父和祖母，只记得见过一次我的外公，我想那时他的妻子已经去世了。不过，从我母亲的讲述中，我得知我的外公曾为一个贵格会教徒的家庭工作，因此接受了当时贵格教徒所实行的那一套严格的礼仪规则。

我母亲本人就很严厉，在家中是说一不二的。在朋友和邻居面前，她显得非常文静优雅，但在家中，我们全都怕她。我们小时候得到很好的照料，这要归功于母亲，而且，是她教会我编织和缝制衣服。有一个时期买衣服是很贵的，我便成了家里的裁缝师，不仅给自己做衣服，还为我的两个姐妹做。战后，我们家添了丁，变成四个孩子了：三个女孩、一个男孩。

毫无疑问，对我的一生有影响的人中包括我的主日学老师和在我五岁那年从战场上归来的父亲。在主日学内，我们受到的教导是：上帝对我们的良知讲话；每当我们受到诱惑要做某种值得怀疑的事情时，我们应当聆听上帝的声音。我认为这对我的良知产生了极大的影响，以至于就连最无害的假话我也难以讲出口。即便是我因犯了一个小错受到母亲或老师的责备（受到老师责备的事我记忆中只有一次），我也只有强忍住泪水，心里想：为了一件我绝不会有意去做的事情而责备我，那是不公平的。

我的父亲对我的良知也是有影响的，因为他对我讲述过他在战争中的经历。如果说他失去了在学校中受教育的机会，那他肯定透过在军队中所受的教育弥补上了。他是带着对战争的仇恨和对所有人——不论是朋友还是敌人——的同情离开战场回家的。他在宗教方面成了一个不可知论者，反而对政治产生了浓厚的兴趣。在家中，我们在餐桌上的谈话总是围绕着宗教的虚伪性、围绕着马克思主义和工人的权利以及围绕着体育而进行的。在中学时，我曾是一个田径选手，而且，尽管我很腼腆，我当上了我们这个队的队长以及学校运动队的队长，此外还当上了年级和学校的纪律队长。我认为，正是由于我父亲的教导鼓励了我，我才能在遇到挑战时勇敢地迎上去，决心克服任何障碍。我听到有人说，一个在体育方面很出色的学生通常在学业方面就不会那么好，于是我就立志在这两个方面都做到出类拔萃，以证明这个理论是不成立的。有一次我在历史课上得了一个不好的分数，我就下决心以后永远成为历史科的尖子，而且最终由于历史成绩优异而获得了一个特别奖项。后来，当我在1948年到中国传教并听一位年长的传教士说结了婚的女人永远学不好语言时，我就决心证明她这话是错的，而且先于我们那个小组内的所有单身女士完成了语言课程。

当我于1951年从南昌到了香港并看到腐败阻塞了日常生活中的所有实际渠道时，上述经历使我受益匪浅。人们常对我说，站出来讲话是于事无补的，但这只会使我更加坚定仗义执言的决心。有许多次，由于人家不肯为徙置屋区的穷困儿童受到教育而施以援手，我曾失望地流着眼泪离开教育署大楼（即现在的终审法院大楼），但这种失望总是化作找到办法的决心。虽然花了很长时间才找到这种办法，但最后终于找到办法为失学儿童建立了一所学校，直至在1972年和1978年实行免费普及教育，而且，在政府的补贴下，我们还提高了我们的教育水准。

但是，最严峻的挑战是在我当传教士的时候到来的。我在大学一年级时开始信奉基督教，此前我和父亲一样是一个宗教不可知论者。自信教以后，我一直憧憬着基督教的教义能拯救全世界。年轻人总是会抱有这样的理想，但以后却会发现世界并不是一个理想的地方。在中国，我认识到，各国人民都有他们自己的宗教信仰，有的则没有宗教信仰。我发现，中国的文化是西方所无法比拟的，然而，我们传教士中有些人却把中国人当作劣等民族对待。正如一位诚实的英国人所说："他们是抱有基督教的偏执意识的帝国主义者。"在我们这个奉行基要主义的基督教团体中待了三年之后，我对这种局面已经忍无可忍。但当时我已嫁给一名传教士为妻，而这位传教士自幼就受到基要主义的教育，对此笃信不移。那个时期是我一生中的最低点。当时看来，唯有自杀才能获得解脱。但愿我的这段经历能成为对那些与基要主义信仰或其他邪教发生瓜葛而又难以脱身的年轻人的一个警示。有些邪教领袖懂得如何操纵他们的信徒乃至控制他们的思想。我的教会长老们说我丧失了理智，需要休息一段时间，以便恢复正常。而我知道摆脱他们才是我避免丧失理智的唯一途径。终于，在1955年——那时我已经在香港了——我在教友大会上公开宣布我要离开他们了。我原以为自己会忍不住哭出来，但出乎意外的是，我却有一种如释重负之感。

　　那时，我和一些教友已经建立起一所穷人子弟学校，不过，我们请假回英国待了一段时间。六个月后我只身返回香港继续办学。这所学校是以我的名字注册的，因为我们这些人中只有我是合格的教师。在开始创办学校时，我遇到了困难，因为我们的教会希望只教授《圣经》，但由于我已不再是教会的成员了，他们最终就让我一个人承担办学的工作。我的丈夫没有返回香港，最后我同他离了婚。做出这个决定不是一件容易的事，因为我这个人原则上是不赞成离婚的，只要能避免最好不走到这一步。还好我们没有孩子，无须为子女操心。

多年之后我的生活才完全摆脱了基要主义体系的干扰。在这方面，我在学校内的同事杜学魁给了我很大的帮助。30年之后，他成了我的丈夫。尽管我们在文化和语言上存在差异，但我发现，他的理念使我感觉好像回到了我可以同父亲交谈的岁月，而我的父亲已经在我来中国期间去世了。杜学魁和我在许多方面看法都是一致的，而在有分歧的事情上，我们总能互相开导。开始办学校时，杜学魁教授中文，所有其他一年级的课程都由我自己来教。学校开办后不久，另一位同事——戴宗（Tai Chong）先生加入进来，并且与我们亲密共事将近50年。这两位同事都在2000年退休，而且无论是彼此之间还是同学校之间都保持着密切的联系。一种伙伴关系能保持这么久，而且从未发生过任何严重的争执，彼此深怀敬重，相互绝对信任，这真是太难得了。

多年来，我对历史的兴趣持续不减，但只是到了最近我才有时间对我在大量阅读有关当代事件的记载的过程中摘录下来的内容加以整理。我越来越惊恐地看到，新的经济帝国主义所征服的领域是当年的希特勒连想也没想到的。这是一种新型的帝国主义，它以民主的形式出现，向接受它的那套有关民主和人权的陈词滥调的那些国家提供财政援助，但它自己却根本不去实行这些原则。同样，我丈夫杜学魁惊恐地注意到日本军国主义的复活。更加危险的是，这一次，美国成了日本的盟友，而不是像在第二次世界大战期间那样是它的敌人。

我写这本书的目的是以简短又简单的形式把我从大量书籍中所收集到的历史展现出来。这些书籍一方面很难获得；另一方面年轻人，尤其是属于另一种文化的年轻人读起来有困难。应当让年轻人了解这种为了一己的私利而力图把全世界置于自己控制之下的悄然扩张的帝国主义。也应当让年轻人了解到有些人利用宗教和名目繁多的邪教来达到自己的政治目的。许多年轻人一开始也抱着我年轻时所憧憬的那种理想，但那些理想最终成了缠绕在我脖子上的锁链，制约着我的每一个行动。我的教会不许我直抒胸臆。我的前夫不许我给除了私人朋友或亲属以外的人写信。当我发现香港存在的不公正现象时，我的教会不许我站出来反对这些现象，理由是我们所寻求的是死后的财富，而人世间的一切事情全都不屑于关注。于是，人们希望我即便看到穷苦人受到不公正待遇也要默不作声，因为这些东西与我无关。一旦去除了这些锁链，我便决心努力把我在教会中失去的大约10年的时间补回来。我是在43岁那年开始我的新生活的。我的新生活以在人世间争取人类的幸福为使命，而不是为自己在天堂中构筑豪宅。现在，我意识到，我早年的那种在任何挑战面前都不服输的决心正在结出果实。我最殷切的愿望是，读过这本书的年轻人能按照事实的本来面貌去看待生活，而且要正视这些事实，而不被有人借以蒙骗甚至控制他们的那些理想所欺骗。

著作权合同登记号：图字 18-2019-339

图书在版编目（CIP）数据

我眼中的殖民时代香港 /（英）杜叶锡恩
（Elsie Tu）著；隋丽君译 . -- 长沙：湖南文艺出版社，
2020.9
书名原文：Colonial Hong Kong in the Eyes of
Elsie Tu
ISBN 978-7-5404-7753-0

Ⅰ.①我… Ⅱ.①杜…②隋… Ⅲ.①社会生活—香港—现代 Ⅳ.① D676.58

中国版本图书馆 CIP 数据核字（2020）第 169826 号

上架建议：社科·历史

WO YANZHONG DE ZHIMIN SHIDAI XIANGGANG
我眼中的殖民时代香港

作　　者：[英]杜叶锡恩
译　　者：隋丽君
出 版 人：曾赛丰
责任编辑：吕苗莉
监　　制：吴文娟
策划编辑：汉书竹简　李甜甜
版权支持：姚珊珊
营销编辑：闵　婕　霍　静
装帧设计：潘雪琴
出　　版：湖南文艺出版社
　　　　　（长沙市雨花区东二环一段 508 号　邮编：410014）
网　　址：www.hnwy.net
印　　刷：北京中科印刷有限公司
经　　销：新华书店
开　　本：875mm×1270mm　1/32
字　　数：203 千字
印　　张：9.5
版　　次：2020 年 9 月第 1 版
印　　次：2020 年 9 月第 1 次印刷
书　　号：ISBN 978-7-5404-7753-0
定　　价：56.00 元

若有质量问题，请致电质量监督电话：010-59096394
团购电话 010-59320018